그린이 **서영경**

대학에서 조형 예술을 공부했습니다. 책을 좋아하는 조카에게 그림책을 읽어 주다 어린이 책의 매력에 빠져들었습니다. 어린이들이 책과 함께 신나게 놀 수 있기를 바라는 마음으로 어린이 책에 그림을 그리고 있답니다.
그린 책으로 《잘못 뽑은 반장》 《행복한 자기 감정 표현 학교》 《옛 사람들의 과학살이》 등이 있습니다.

이어령의
춤추는
생각 학교 ❽
로그인, 정보를 잡아라!

**첫판 1쇄 펴낸날** 2009년 10월 5일
**9쇄 펴낸날** 2023년 7월 31일

**지은이** 이어령  **그린이** 이인숙
**발행인** 김혜경  **편집인** 김수진
**주니어 본부장** 박창희
**편집** 강정윤 조승현
**디자인** 전윤정 김혜은
**마케팅** 최창호 임선주
**경영지원국** 안정숙
**회계** 임옥희 양여진 김주연
**인쇄** 효성프린원  **제본** 신우인쇄

**펴낸곳** (주)도서출판 푸른숲
**출판등록** 2003년 12월 17일 제2003-000032호
**주소** 경기도 파주시 심학산로 10, 우편번호 10881
**전화** 031) 955-9010  **팩스** 031) 955-9009
**홈페이지** www.prunsoop.co.kr  **인스타그램** @psoopjr
**이메일** psoopjr@prunsoop.co.kr

Text copyright ⓒ 이어령, 2009
Illustrations copyright ⓒ 서영경, 2009

ISBN 978-89-7184-638-4 74500
       978-89-7184-621-6 (세트)

* 잘못된 책은 구입하신 서점에서 바꾸어 드립니다.
* 본서의 반품 기한은 2028년 7월 31일까지입니다.
* KC 마크는 이 제품이 공통안전기준에 적합하였음을 의미합니다.
* 던지거나 떨어뜨려 다치지 않도록 주의하세요.

이어령 글 | 서영경 그림

로그인,
정보를
잡아라!

이어령의
춤추는
생각학교
8

푸른숲주니어

글쓴이의 말

춤추는 생각 학교에 온 걸 환영한다!

이 책은 '나의 꿈, 나의 생각을 창조하는 마법의 춤 교실'이란다.

자유롭게 세상을 보려면
마음과 생각을 춤추게 해야 해.
걸음은 어떤 목적이 있어서 발을 옮기는 일이지만
춤은 즐겁고 신나서 몸이 저절로 움직이는 거야.

시험 기계란 말이 있잖아?
점수를 잘 받으려고 남이 가르쳐 준 대로
달달 외우기만 하면 재미도 없고
빠르게 변하는 세상을 따라갈 수도 없어.

생각을 춤추게 하라.
그리고 춤추듯 살아라.
삶은 즐겁고 아름다운 것이란다.

2009년 1월 이어령

| 차례 |

**앞마당**

정보의 바다를 멋지게 항해하려면 8

**첫 번째 마당**

정보는 세상을
꿰뚫어 보는 힘

세상에서 가장 진귀한 보물은? 12
내게 쓸모 있는 정보를 찾아라 20

**두 번째 마당**

정보의 시작,
역사의 출발

모든 정보를 쥐락펴락,
삼천갑자 동방삭 28
달리기에서 봉화까지 34

**세 번째 마당**

정보를 담는 그릇, 종이

사람은 종이를 만들고,
종이는 사람을 키우고 44
글자를 찍어 내는 기계가 발명되다 52

**네 번째 마당**

우표, 편지에 날개를
달아 주다

85년 만에 도착한 편지 62
값싸게 편지를 배달하는
기막힌 아이디어 68

**다섯 번째 마당**

가장 새로운 소식을
가장 정확하게!

신문, 자유를 찾아가다 78
진실을 가리는 신문,
진실을 밝히는 신문 88

### 여섯 번째 마당

# 빛의 속도로 소리를 실어 보내다

전선을 타고 들려오는 목소리 100
말하는 기계, 전화기의 발명 106

### 일곱 번째 마당

# 전선 없이 소리를 전달하라

세계를 하나로 잇는
보이지 않는 끈 116

### 여덟 번째 마당

# 우리 시대의 천리안

대중문화를 만든 주인공, 라디오 130
상자 속에 온 세상이 들어 있네! 138

### 아홉 번째 마당

# 세계를 둘러싼 정보 거미줄

모든 개인이 정보의 주인으로 148
우리는 디지털 시대의 유목민! 158

### 뒷마당

# 지구촌의 봉화대 166

### 책 속의 책

# 나의 작은 정보 통신 사전 169

앞마당

## 정보의
## 바다를
## 멋지게
## 항해하려면

내가 어렸을 적만 해도 요즘처럼 통신 수단이 발달하지 않았어. 전화나 라디오, 텔레비전이 거의 없던 시절이었지. 전화기는 고작해야 마을에 한 대뿐이었단다. 전화가 오면 마을 회관 확성기로 "아무개 엄마, 어서 와서 전화 받으세요!" 하는 안내 방송이 울려 퍼지곤 했지. 텔레비전도 마을에 한 집 있을까 말까 했어. 텔레비전을 들여놓은 집에는 저녁마다 동네 사람들이 모여들어 발 디딜 틈이 없었지. 흑백에, 화면도 작았지만 사람들은 또 다른 세상을 보여 주는 텔레비전에 푹 빠지곤 했단다.

읽을 수 있는 책도 별로 없었어. 아이들이 읽을 만한 책이라고는 기껏해야 위인전과 세계 명작 동화 전집이 전부였지. 그것도 별로 많지 않아서 책장이 너덜거릴 때까지 읽고 또 읽었던 기억이 나는구나.

그때는 정보의 양이 턱없이 적었고 전달되는 속도도 느렸어. 하지만 그걸로도 부족함을 느끼지 못했단다. 그만큼 세상도 천천히 흘러갔으니까. 지금 생각하면 그렇게 느리게 살던 시절이 정겹게 느껴지기도 해.

옛날에 견주면 오늘날은 사정이 많이 바뀌었어. 우리 주변에는 정보를 전달해 주는 텔레비전, 라디오, 인터넷, 신문이 넘쳐나지. 이 통신 수단을 타고 하루에도 셀 수 없이 많은 정보가 나타났다가 사라지곤 해. 이처럼 빠르게 흐르는 정보의 바다에서 어떤 게 도움이 되고 어떤 게 해로운지 가려내기란 참 힘들어. 눈이 핑핑 돌고 어지러움을 느끼면서도, 사람들은 단 한시라도 텔레비전과 인터넷 곁을 떠나지 못해. 잠깐 한눈을 팔았다가는 시대에 뒤떨어진 사람 취급을 받을까 봐 걱정되지.

우리는 그야말로 정보의 홍수에 빠져 있는 셈이야. 옛날에는 정보가 부족해서 지식을 쌓지 못했다면, 오늘날에는 정보가 너무 넘쳐나서 허우적대는 꼴이지. 이럴 때일수록 정신을 바짝 차리고 정보의 바다를 힘차게 노 저어 가야 해. 그러려면 먼저 우리를 둘러싼 정보 사회가 어떻게 이루어졌는지 알아야겠지?

이제부터 통신 수단이 어떻게 발전하였고, 이 통신 수단을 타고 전달된 정보가 우리에게 어떤 영향을 끼쳤는지 들여다볼 거야. 이 글을 읽고 나면 네가 정보의 노예가 아니라 정보의 주인이 돼 있을 거라 믿어.

첫 번째 마당

# 정보는 세상을 꿰뚫어 보는 힘

# 세상에서 가장 진귀한 보물은?

죽은 사람도 살리는 불사약, 단숨에 천리를 달리는 천리마, 아무리 먼 곳에 있어도 상대방을 볼 수 있는 천리안, 넌 이중에 어떤 보물을 선택할래?

옛날하고도 아주 먼 옛날, 어느 왕국에 눈부시게 아름다운 공주가 있었단다. 여러 나라 왕자들이 소문을 듣고 공주와 결혼하려고 모여들었어. 그런데 공주의 아버지는 왕자들이 아무리 많은 금은보화를 가지고 와서 청혼을 해도 고개를 저었지. 도무지 마음에 들지 않는다는 눈치였어. 왕은 이 세상에서 가장 진귀한 보물을 가져온 사람이 공주와 결혼할 수 있다고 했단다.

그 소문에 많은 사람이 별의별 진귀한 보물을 가지고 나타났어. 하지만 왕은 보물들을 보고도 하찮은 물건을 보듯 하품만 해 댔어. 그러니 모두들 헛걸음치고 풀이 죽어 돌아가야 했지.

그러던 어느 날이었어. 왕국의 국경 가까이에서 사내 셋이 우연히 만났단다. 그들은 이야기를 나누다가 저마다 공주에게 청혼하러 가는 길이라는 사실을 알게 되었어. 그러자 서로 다른 사람이 가져온 보물이 무엇인지 몹시 궁금해졌지. 그 가운데 한 사람이 슬며시 물었어.

"대체 무슨 보물을 가지고 오셨기에 그렇게들 자신만만하시오?"

첫 번째 사내가 사방을 경계하는 눈빛으로 둘러보더니 이렇게 말했단다.

"내가 가져온 보물은 이 세상에 단 하나밖에 없는 것이오. 바로 불사약이라오. 죽은 사람도 해가 지기 전까지만 이걸 먹으면 살아날 수 있지요. 이보다 값진 보물이 또 어디 있겠소? 그러니 헛고생하지 말고 그냥 돌아들 가시지요."

그 말을 들은 두 번째 사내가 발끈 화를 내면서 말했어.

"어림도 없는 소리요. 내가 타고 있는 이 말은 단숨에 천리를 달릴 수 있는 천리마요. 세상 어떤 것도 이 천리마를 따라잡을 수 없다오. 딱 한 번 쓰면 끝인 불사약과는 비교도 안 되는 귀중한 보물이지요. 당신들이 이 국경을 넘기도 전에 나는 벌써 공주에게 가 있을 것이니 후회하지 말고 돌아들 가시오."

세 번째 사내는 두 사람의 말을 듣고 픽 웃었단다.

"당신들이 무슨 소리를 해도 공주는 이미 내 아내나 다름없소. 나에게는 천리안이 있어서 아무리 먼 곳에 있는 것도 다 볼 수 있다오. 날마다 이 거울로 공주를 볼 수도 있지요. 달콤한 잠에 빠진 공주의 모습을 본 적 있소? 기분이 좋거나 뭔가 깊은 생각에 잠겼을 때 공주의 표정이 어떤지 아시오? 이 천리안 덕분에 나는 지금껏 공주 곁에서 함께 살아온 것이나 다름없다오."

그러자 두 사람은 천리안을 가진 사내에게 애원했단다.

"우리도 한번 보게 해 주시오. 공주가 얼마나 예쁜지 구경 좀 합시다. 소문만 들어 온 터라 애간장이 타서 견딜 수가 없구려."

"맞는 말이오. 어느 보물이 가장 훌륭한지는 왕과 공주가 판단할 일이니 우리는 사이좋게 공주의 모습이나 봅시다."

두 사람이 간절히 부탁하자 천리안을 가진 사내는 우쭐해서 거울을 꺼내 궁전 쪽을 비추어 보았단다.

그러자 눈부시게 아름다운 공주가 궁전 뒤뜰에서 노는 모습이 나타났어. 아름다운 꽃들이 흐드러지게 피어 있고, 그 위로 온갖 새가 날아다니며 맑은 소리로 지저귀고 있었단다. 그러나 어떤 꽃, 어떤 새도 이 공주 앞에서는 빛을 잃었지. 공주를 처음 보는 두 사람은 넋을 잃고 말았단다.

그런데 바로 그때, 천리안을 들여다보던 세 사람이 동시에 비명을 질렀어. 갑자기 꽃밭에서 나온 독사가 공주의 발뒤꿈치를 물었던 거야. 공주는 금세 얼굴이 파래져 쓰러졌단다.

왕과 왕비가 달려오고 의사들이 급히 수십 명이나 몰려왔지만 어찌할 줄 모르고 허둥댈 뿐이었어. 얼마 뒤 궁전 안에서는 통곡 소리가 울려 나왔지. 공주가 숨을 거두고 만 거야.

그 광경을 보던 불사약을 가진 사내가 말했어.

"해가 지기 전에 불사약을 먹이면 공주는 다시 살아날 수 있소."

그러나 해는 벌써 서산에 기울고 있었어. 해가 지기 전에 국경에서 궁전까지 가기란 불가능해 보였지. 그때 천리마를 가진 사내가 소리쳤어.

"내 천리마를 타고 가면 해가 지기 전에 도착할 수 있을 거요. 자, 같이 갑시다!"

세 사내는 천리마에 올라탔어. 천리마는 힘차게 내달리기 시작하더니 번개처럼 빠르게 산을 넘고 강을 건넜어. 서산에 햇살이 한 줌밖에 남지 않았을 때 가까스로 궁전에 도착했지. 세 사내는 싸늘한 시체가 된 공주의 입술에 불사약을 적셔 주었어. 그러자 금세 공주 얼굴에 핏기가 돌았지. 공주는 깊은 숨을 내쉬며 두 눈을 가늘게 뜨고 세 사내를 바라보았단다. 사람들은 공주가 다시 살아난 것에 기뻐하며 큰 잔치를 벌였대.

자, 이렇게 해서 공주는 살아났지만 문제는 이제부터야. 공주는 어떤 사람과 결혼해야 할까?

세 사내는 서로 자기가 공주와 결혼해야 한다고 주장했어.

"불사약이 없었다면 공주는 이미 저세상으로 갔을 거요. 그러니 공주는 나와 결혼해야 합니다."

"불사약이 있으면 무슨 소용 있습니까? 공주가 무덤 속에 들어간 뒤에는 개똥보다도 나을 게 없지요. 천리마 덕분에 해가 지기 전에 불사약을 가져갈 수 있었으니 당연히 공주는 저와 결혼하는 게 맞습니다."

"천리안이 없었다면 공주가 뱀에 물린 걸 어떻게 알 수 있었겠소? 그러니 공주가 독사에게 물린 걸 알아낸 천리안이 제일 귀중한 보물이지요. 공주는 저와 결혼할 수밖에 없습니다."

모두 맞는 말이야. 세 사내가 가져온 보물 가운데 하나라도 없었다면 공주는 살아날 수 없었겠지. 그렇다고 세 사내 모두와 결혼할 수는 없잖아. 그 가운데 가장 진귀한 보물을 지닌 한 사람을 골라야 하지. 이렇게 어려운 선택을 해야 하는 공주는 머리가 꽤 아플 거야. 너라면 누구를 선택하겠니?

이건 그저 재미난 옛날이야기로 그치지 않아. 여기에는 우리가 깊이 생각해 볼 만한 상징적인 뜻이 담겨 있지. 원시 시대부터 현대에 이르기까지 인간의 역사는 불사약과 천리마와 천리안의 역사라고 할 수 있어. 나아가 오늘날 우리는 늘 불사약과 천리마와 천리안 가운데 하나를 고르는 선택의 갈림길에 서고는 한단다. 이게 무슨 말이냐고? 이제 하나씩 따져 보자꾸나.

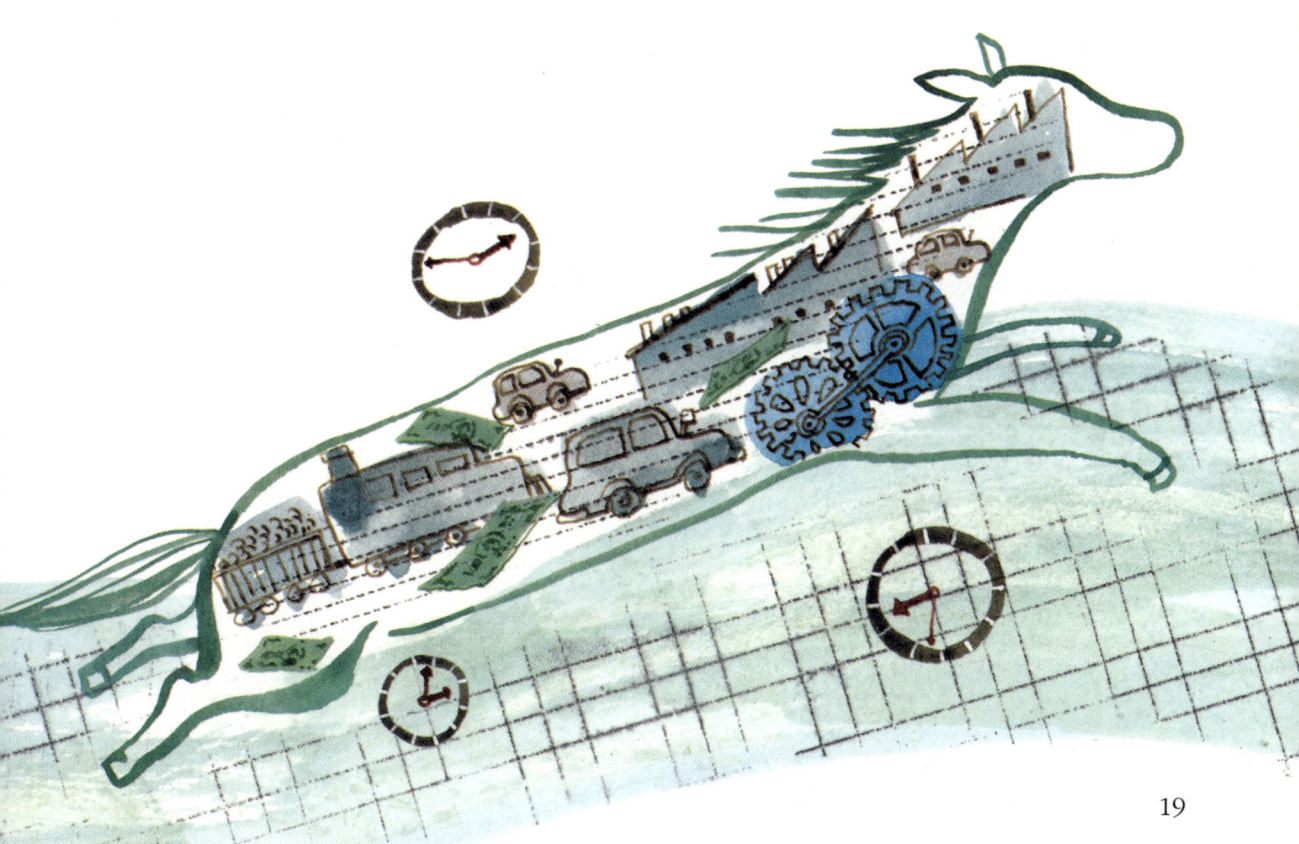

# 내게 쓸모 있는 정보를 찾아라

정보는 그걸 쓸모 있게 받아들이는 사람들의 것이야.
너에게는 아무런 쓸모없는 정보도 누군가는 아주 중요하게 쓸 수 있지.

사냥을 하고 나무 열매를 따 먹고 살던 원시 시대와 가축을 기르고 씨를 뿌려 가꾸며 살던 농경 시대를 떠올려 봐. 이때 사람들은 먹고사는 문제가 가장 중요했어. 하루 종일 열심히 일해야 그날 먹을 식량을 근근이 마련할 수 있었지. 이때는 어떤 물건이건 구하기가 아주 어려웠기 때문에 양이 많고 적음에 따라 가치가 결정되곤 했단다.

이런 시대에는 과거와 미래가 아니라 눈앞에 닥친 현재가 중요했어. 과거가 어땠고, 미래가 어떨지 알아야 할 필요를 크게 못 느낀 거야. 그러니 지혜와 정보를 쌓아 가는 일보다는 몸으로 땅을 일구고 곡식을 거두는 일을 더 높게 쳐주었지.

이 시기 사람들은 불사약을 가장 귀중한 보물로 여겼을 거야. 당장 눈앞에서 공주를 살려 내는 데 결정적인 역할을 한 물건이고, 세상에 오직 하나밖에 없으니까 말이야. 그래서 이 시기를 '불사약의 시대'라고 부르곤 해. 어때, 그럴듯하지 않니?

농경 사회에서 산업 사회로 넘어가면서 상황이 크게 바뀌었어. 산업 사회는 사람의 노동력을 대신할 증기 기관이 발명되면서 시작되었단다. 사람들은 노동력을 덜 들이면서도 물건을 훨씬 많이 만들어 낼 수 있었어. 공장이 들어서고 물건이 대량으로 생산되자 먹고사는 문제는 어느 정도 해결되었지. 그 대신 원료를 운반하고 생산한 물건들을 시장에 내다 파는 일이 중요해졌어. 그래서 기차와 자동차, 비행기, 배 같은 운송 수단이 크게 발달했지.

당시 사람들은 재산을 모아서 풍족한 삶을 꾸리는 것을 가장 큰 가치로 삼았어. 돈을 많이 모으려면 다른 사람보다 빠르게 움직여야 했지. 마치 이야기 속 천리마처럼 말이야. 그러니 이 시대를 '천리마의 시대'라고 해도 무리가 없겠지? 이 시대 사람들은 제시간 안에 공주가 있는 궁전까지 데려다 준 천리마를 가장 소중한 가치로 여겼을 거야.

산업 사회가 고도로 발전하면서 이전처럼 정해진 길에서 빠르게 움직이는 것만으로는 부족하게 되었어. 이를테면, 공장에서 아무리 옷을 많이 만들어 시장에 내놓아도 그게 사람들 마음에 들지 않으면 말짱 헛것이지. 사람들이 어떤 옷을 좋아하는지, 앞으로 어떤 옷이 유행할지 알아보지도 않고 욕심껏 물건을 만들었다가는 오히려 낭패를 보기 십상이야. 또 석유와 나무 같은 지구 자원이 바닥을 드러내면서 물건을 필요한 만큼만 만들어 낭비를 줄이는 일도 아주 중요해졌어.

이럴 때 필요한 게 무얼까? 그래, 바로 정보야. 이제 우리 사회는 알차고 정확한 정보가 가장 중요한 가치로 떠오르고 있어. 너도 '정보화 시대'라는 말을 들어 봤을 거야. 바야흐로 '천리안의 시대'가 열린 거란다. 만약 공주가 오늘날 사람이라면 세 사람 가운데 천리안을 가진 사내와 결혼했을 거야.

우리 시대의 천리안은 뭘까? 신문, 전화, 텔레비전, 인터넷이 바로 천리안이지 뭐야. 이 천리안을 통해서 세계의 모든 정보를 손바닥 위에 올려놓은 듯 볼 수 있으니까 말이야. 정보를 빠르게 널리 전달하는 이런 도구들은 대부분 현대에 발명되었어.

천리안은 과거의 불사약, 천리마와 아주 다른 점이 있어. 곡식과 상품은 그 자체로 가치를 지닌 물건이었어. 배를 채워 주고, 손에 잡히고, 사람과 물건을 실어 나르니까. 그리고 그 물건을 가지고 있는 사람이 주인이었지.

그런데 정보는 실체가 없어. 텔레비전을 떠올려 보면 금세 고개를 끄덕일 거야. 예를 들어 어떤 가수가 춤추며 노래 부르는 장면이 나온다고 치자. 이때 가수가 실제로 텔레비전 안에 들어가서 춤을 추고 노래를 부르는 건 아니야. 방송사에서 가수를 카메라로 찍어서 디지털 신호로 바꾼 다음 전파에 실어 내보낸 영상을 보는 거지. 이처럼 실체가 없는 정보를 실어 나르는 건 신문, 전화, 인터넷 모두 마찬가지야.

실체가 없으니 그게 누구의 소유도 아니라고 할 수도 있고, 모든 사람의 소유라고 할 수도 있겠지. 좀 더 정확하게 말하면 정보는 그걸 쓸모 있게 받아들이는 사람들의 것이라고 해야겠구나. 너에게 아주 중요한 정보도 누군가에게는 아무런 쓸모가 없을 수 있으니까 말이야. 그러니 만약 어떤 한 줄의 정보가 모든 사람의 마음을 사로잡을 수 있다면, 어떤 곡식이나 상품보다 큰 힘을 발휘하게 돼.

그렇다고 천리안만 중요하게 생각하고 불사약과 천리마를 낮추어 보자는 이야기는 아니야. 이 세 가지 보물은 모두 소중해. 이 가운데 어느 하나라도 없다면 인간은 더 이상 살아갈 수가 없지. 다만 오늘날에는 농업과 공업 분야에서도 정보를 필요로 할 뿐이야. 좋은 정보는 곡식과 물건을 더 잘 생산할 수 있게 돕거든. 그만큼 정보가 중요해진 거야. 생각해 봐. 네가 불사약과 천리마를 가지고 있는데 천리안까지 갖추게 되면 훨씬 훌륭하고 쓸모 있게 사용할 수 있지 않겠니?

현대 사회를 살아가는 우리는 천리안을 가졌으니 세상 어디라도 들여다볼 수 있어. 그 천리안으로 어떤 정보를 보고 네 것으로 만들지는 순전히 저마다의 몫이지. 나는 네가 멋진 천리안으로 세상에 큰 도움을 줄 수 있을 거라고 믿어.

# 모든 정보를 쥐락펴락, 삼천갑자 동방삭

축지법에서 천리안에 이르기까지, 동방삭이 부리는 도술은 사람들이 꿈꾸던 것을 상징적으로 보여 주지.

옛날하고도 한 옛날, 중국에 동방삭이라는 사람이 살았어. 이 사람은 젊을 적에 하늘 나라에 가서 생명을 늘려 주는 복숭아를 실컷 훔쳐 먹었대. 그래서 삼천갑자나 살게 되었다지. 1갑자가 60년이니까, 무려 18만 년이나 산 셈이야. 동방삭은 세상 모든 걸 꿰뚫어 보았고 신기한 도술을 부릴 수도 있었단다.

동방삭과 관련된 이야기는 정말 끝이 없어. 동방삭은 세상이 위기에 빠졌을 때마다 새로운 모습으로 나타났다고 해. 세상을 구하고 바람처럼 사라졌다는 거야. 심지어 누구는 동방삭이 지금도 세상 어디엔가 살아 있을 거라고 하더구나.

언젠가는 이런 일도 있었어. 한 나라 임금이 어떤 일로 시름에 잠겼단다. 임금은 고민 끝에 동방삭에게 지혜를 구하기로 했어. 신하들을 시켜 동방삭을 데리고 오라고 했지. 깊은 산속 동굴에서 지내던 동방삭은 신하들이 찾아올 거라는 걸 이미 알고 있었어. 천장에서 떨어지는 물방울을 천리안 삼아 다 지켜보고 있었거든.

신하들이 도착하자 동방삭은 자리를 털고 일어났어. 동방삭은 수천 리 떨어진 길을 축지법으로 순식간에 이동해서 임금이 있는 궁궐에 가뿐히 도착했단다.

임금은 동방삭에게 근심거리를 털어놓았어.

"우연찮게 구리로 만든 종을 하나 손에 넣었는데, 하도 아름다워서 내 침실에 걸어 놓았다오. 그런데 이상한 일이 생겼소. 몇 달 전부터 종이 스스로 우는 게 아니겠소? 누가 종을 친 것도 아닌데 말이오. 이게 도대체 어찌 된 일인지 알고 싶다오."

임금의 말을 들은 동방삭은 제자리에 앉아 지그시 눈을 감고서 천리를 내다보는 도술을 펼쳤어. 한참 지난 뒤, 동방삭은 무언가를 알아냈다는 듯 고개를 끄덕였지. 그리고 임금에게 이렇게 말했단다.

"구리가 묻혀 있던 산 한쪽이 무너져 내렸사옵니다. 산이 저리 시름시름 앓으니 종도 슬퍼서 우는 것이지요."

동방삭의 말을 들은 임금은 신하들에게 산이 정말 무너졌는지 확인해 보라고 했어. 아니나 다를까, 정말로 산 한쪽이 무너져 있었단다. 무너진 쪽에 다시 흙을 쌓아 올리자 구리 종은 금세 울음을 멈췄어.

임금은 크게 기뻐하며 동방삭에게 자기 곁에 머물러 달라고 부탁했단다. 하지만 한곳에 매어 있을 동방삭이 아니지. 그는 다시 어디론가 바람처럼 사라졌대.

동방삭 이야기에는 온갖 신기한 도술이 쏟아져 나와. 동방삭은 동양 옛이야기 속에서 가장 뛰어난 도술을 부리는 영웅이라고 할 수 있지. 사람들은 동방삭을 이야기하면서 '동방삭처럼 멋진 도술을 부릴 수 있으면 얼마나 좋을까?' 하고 꿈꿨을 거야.

그런데 곰곰이 생각해 보면 동방삭이 부리는 도술은 모두 정보와 관련이 있어. 물방울로 만든 천리안과 천리 밖을 내다보는 도술은 정보를 많이, 정확하게 알아내는 데 쓰이지. 또 먼 길을 한달음에 내달리는 축지법은 정보를 빠르게 전달하는 데 쓰이고. 그러니까 동양에서는 정보를 마음껏 다루는 것을 최고의 도술로 쳐주었어.

신화와 옛이야기는 곧 사람들이 꿈꾸던 세상을 상징적으로 보여 주는 거라고 했지? 사람들은 꿈을 현실로 이루기 위해 온갖 노력을 기울였단다. 과연 동방삭이 지닌 도술을 어떻게 현실 가능한 것으로 만들어 냈을까?

제자리에 앉아서 천리 밖을 내다보는 도술은 어떨까? 그 도술만 쓸 수 있다면 세상 모든 이치를 헤아릴 수 있잖아. 사람들은 한때 하늘에 떠 있는 별이나 해를 관찰하는 게 곧 천리안을 보는 거라고 여겼어. 별과 해의 움직임으로 온 세상의 이치를 꿰뚫어 보려고 한 거지. 하지만 그건 그저 추측하고 예상하는 것뿐이잖아. 천리 밖 일을 눈으로 직접 확인한 게 아니니 정확한 정보라고 할 수 없어. 때로는 그 방법으로 문제를 지혜롭게 해결하기도 했지만 오히려 잘못된 길로 가는 경우도 적지 않았지.

그럼 축지법은 어떨까? 천리 밖에 있는 정보를 최대한 빠르게 주고받는 도술 말이야. 물론 사람이 축지법을 쓸 수는 없어. 하지만 빨리 움직이는 기술을 발명할 수는 있잖아. 정보를 빠르게 실어 나르는 기술이 축지법이지 뭐야. 축지법은 아주 더디게 발달해 갔어. 사람들은 꿈을 이루기 위해 한발 한발 내디뎠고, 마침내 그 꿈을 이뤘단다. 빛의 빠르기로 축지법을 쓰게 된 거야. 이제부터 축지법에서 천리안에 이르는 정보의 역사를 하나하나 살펴보자꾸나.

# 달리기에서 봉화까지

불은 정보의 역사에서도 아주 중요한 몫을 했어.
사람들은 불꽃과 연기로 정보를 주고받을 수 있다는 걸 깨달았지.

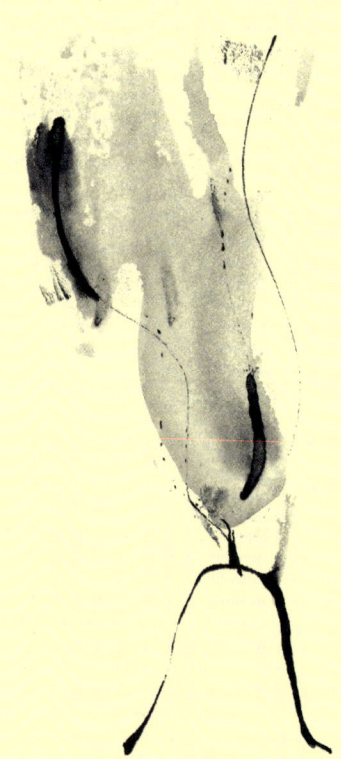

옛날 사람들이 정보를 전달하던 방법을 보여 주는 이야기가 있어. 너도 아마 들어 본 적이 있을 거야. 마라톤 이야기 말이야.

기원전 490년에 페르시아 군대가 그리스에 쳐들어왔어. 두 나라는 마라톤 평원에서 치열한 전투를 벌였고, 결국 그리스가 이겼지. 그리스 병사 페이디피데스는 아테네까지 약 40킬로미터를 쉬지 않고 달려 전쟁에서 이겼다는 소식을 전했어. 그러고는 그만 심장 마비로 죽었단다. 페이디피데스를 기리기 위해 이때부터 고대 올림픽에서 마라톤 경기를 치렀다고 해.

사람들은 그리스 신화에 나오는 이 이야기가 없는 사실을 지어냈을 가능성이 많다고 해. 왜냐하면 이미 기원전 648년에 고대 올림픽에서 승마가 처음 시작되었고, 마라톤 전쟁을 치를 당시에 병사들이 말을 타고 싸웠다는 기록이 있거든. 그러니 나라의 운명을 결정할 만큼 중요한 소식을 전하는 거라면 말을 타고 갔을 거라는 거지. 그래서 사람들은 페이디피데스 이야기가 마라톤 경기의 기원을 더 멋지게 보이기 위해 꾸며 낸 이야기라고 짐작하는 거야.

하지만 나는 왠지 페이디피데스 이야기가 사실이라고 믿고 싶구나. 너 혹시 고대 그리스 사람들이 그려진 그림을 본 적 있니? 그리스 사람들은 아주 힘차고 건강해 보여. 물질문명에 길들여진 지금 사람들보다 훨씬 힘이 강하고 또 빠르게 달렸을 거야.

또 그 당시만 해도 말은 흔하게 볼 수 있는 동물이 아니었어. 그만큼 잡아서 길들이기가 아주 힘들었지. 옛날 전쟁을 다룬 영화를 보면 대장들만 말을 타고 있잖아. 그러니 그 치열한 전투에 참여했던 말은 기껏 해야 서너 마리였을 테고, 그게 마지막까지 살아남았을 가능성도 별로 없지.

게다가 강을 건너고, 산을 넘고, 바위투성이 절벽을 올라가야 한다면 네 발 동물보다 사람이 더 재빠를 거야. 그러니 병사들 가운데 가장 발이 빠른 사람을 뽑아 소식을 전했을 수도 있지 않을까?

물론 페이디피데스 이야기가 사실이냐 아니냐는 중요하지 않아. 신화를 놓고 사실 여부를 따지는 건 어리석은 일이지. 다만 여기서 한 가지 중요한 사실을 알 수 있어. 아주 오랜 옛날에는 대부분 사람이 직접 정보를 전달했다는 점 말이야.

옛날 군대에는 소식을 전달하는 병사가 따로 있었단다. 이 병사를 '전령'이라고 해. 아마 페이디피데스도 전령이었을 거야. 전령의 역할은 아주 중요했어. 전쟁이 일어나면 군대는 여러 부대로 나뉘어 따로 이동하고 싸우게 돼. 이럴 때 각 부대가 어디로 움직이고, 어디서 모이고, 어떤 작전으로 싸울지에 대한 정보를 주고받아야 해. 이 정보를 얼마나 빠르고 정확하게 주고받느냐에 따라 전쟁의 승패가 갈리곤 했지.

만약 이 정보를 주고받던 전령이 상대편 군대에 사로잡히면 어떤 일이 벌어질까? 전쟁 결과는 보나마나지. 자기네 편 군대가 어느 정도 규모이고, 어디로 이동하고, 어떤 전술로 싸울지 빤히 알려졌을 테니 말이야.

전쟁 때뿐만 아니야. 평상시에도 사람들은 소식을 주고받아야 할 때가 생기게 마련이지. 그래서 옛날에는 마을마다 전령 노릇을 하는 사람이 꼭 한두 명씩은 있었단다. 일상적인 안부를 전하는 때라면 쉬엄쉬엄 가겠지만 한시라도 급한 일이라면 사정이 달라. 예를 들어 가족 가운데 누군가 갑자기 아파서 산 너머 마을에 있는 의원을 데리고 와야 한다고 생각해 봐. 소식을 전하는 사람은 부리나케 길을 내달려야 하지 않겠어?

하지만 그들이 아무리 재빠르다고 해도 두 다리로 내딛는 속도야 뻔하지 뭐. 이처럼 급하게 소식을 주고받아야 할 일이 생길 때마다 사람들은 정보를 좀 더 빠르게 전달할 수 있는 방법을 고민했단다. 그래서 생각해 낸 게 몇 가지 있어.

앞서 마라톤 이야기에서 나왔던 말도 그중 하나야. 말처럼 정보를 전달하는 데 쓰인 동물로는 비둘기가 있어. 비둘기는 멀리에서도 자기 둥지를 찾아오는 능력이 빼어나지. 그래서 잘 길들인 비둘기 다리에 편지를 묶어서 정보를 전달하곤 했어. 잘 훈련된 비둘기는 말에 견줄 바가 아니야. 하늘을 날아서 움직이니 빠르고 안전했거든.

하지만 비둘기를 제대로 훈련시키기가 어디 쉽겠니? 또 중요한 정보를 전달하던 비둘기가 중간에서 사라질 수 있다는 것도 문제였어. 그러니 비둘기를 날려 보낸 뒤에는 안절부절못하고 기다려야 했지. 비둘기 대신 매를 이용한 경우도 있었는데 그 역시 마찬가지였단다. 동물들에게 전령 역할을 맡기는 건 아무래도 좀 무리였던가 봐.

38

사람들은 도구를 사용해서 정보를 빠르게 주고받기도 했어. 그런 도구로는 먼저 북이나 나팔을 들 수 있겠구나. 사람들은 약속된 신호에 따라 북을 두드리거나 나팔을 불어서 서로 정보를 주고받았단다. 하지만 소리를 아무리 크게 내어도 멀리까지 전달하는 데는 한계가 있어. 또 정보를 감추고 싶은 상대편 사람들에게도 다 들릴 수 있잖아. 이래서는 괜찮은 정보 전달 방법이라고 할 수 없지.

다음으로는 화살이나 연을 꼽을 수 있어. 사람들은 화살 끝에 편지를 매달아 쏘거나, 연을 높이 날려서 신호를 보내곤 했단다. 하지만 이 방법도 도토리 키 재기였어. 화살은 기껏 야트막한 언덕 하나를 넘지 못했고, 엉뚱한 곳에 떨어져 자취를 감추기 일쑤였거든. 연은 또 어떻고. 바람에 따라 심하게 흔들려서 제대로 신호를 보내기 어려웠지.

네가 생각해도 좀 문제가 많아 보이지? 그래, 이런 방법들은 걸음마 수준이라고 할 수 있어. 좀 더 빠르고 정확하고 시간이나 날씨에도 영향을 받지 않는 방법이 없을까? 고민 끝에 사람들이 생각해 낸 방법이 있어. 바로 불꽃과 연기를 이용하는 거야.

인류는 고대부터 불을 이용해 왔어. 사람들은 불을 쓰게 되면서 추위와 어둠에서 벗어날 수 있었지. 또 제아무리 무서운 짐승도 싸워 이길 수 있었고, 그 짐승을 구워 먹을 수도 있었어. 불 덕분에 인류는 원시 시대에서 벗어나 문명 시대로 나아갈 수 있었단다.

불은 정보의 역사에서도 아주 중요한 몫을 했어. 사람들은 불꽃과 연기로 정보를 주고받을 수 있다는 걸 깨달았지. 숲에서 길을 잃으면 연기를 피워 올려서 자기가 있는 곳을 알렸고, 연기를 나뭇잎으로 가렸다가 일정한 간격을 두고 보이게 해서 신호를 보내기도 했단다. 낮에는 연기로, 밤에는 불꽃으로 정보를 알리는 방법은 꽤 매력적이었어. 힘을 많이 들이지 않고도 아주 멀리까지 정보를 전달할 수 있었으니까 말이야. 사람들은 이 방법을 조금씩 개선해 갔고 그렇게 해서 나온 게 바로 봉화란다.

너 혹시 〈반지의 제왕〉이라는 영화 봤니? 거기 보면 저쪽 산봉우리에서 피워 올린 불을 보고, 다음 산봉우리에서 불을 피워 올리는 장면이 나와. 그게 바로 봉화란다.

**봉화는 정보의 역사에 커다란 획을 긋는 발명이었어. 봉화대에서 다음 봉화대로 정보를 전달하는 데 몇 분밖에 걸리지 않았지.** 또 낮에는 연기로 밤에는 불꽃으로 연락을 주고받았으니 시간의 제약을 받지 않았어. 궂은 날씨도 거뜬히 이겨 냈고 말이야.

봉화대는 세계 곳곳에서 볼 수 있어. 사람들은 봉화의 가치를 오랜 옛날부터 깨달았던 거야. 물론 우리나라에도 삼국 시대부터 봉화대가 있었단다.

봉화는 이처럼 정보를 한결 빠르고 정확하게 전달해 주는 멋진 도구였어. 하지만 봉화에도 문제가 없는 건 아니었지. 우선 전달할 수 있는 정보 내용이 그리 다양하지 못했어. 연기로 만들 수 있는 신호는 서너 가지밖에 안 돼. 또 아주 궂은 날씨에는 불꽃이나 연기를 피워 올릴 수 없었어. 무엇보다 봉화대가 상대방의 손안에 들어가는 날에는 오히려 불리하게 사용되었단다.

그럼 다양한 정보를 빠르고 정확하게 전달하는 방법은 정말 없는 걸까? 아냐, 너무 걱정하지 마. 지금까지는 준비 운동에 지나지 않았으니까 말이야. 제대로 된 정보의 역사는 이제부터야. 자, 빛의 빠르기로 시공간을 가르며 과거로 내달려 볼까?

세 번째 마당

정보를 담는 그릇, 종이

# 사람은 종이를 만들고, 종이는 사람을 키우고

종이가 인류에 끼친 영향은 이루 말할 수 없을 정도야.
종이가 널리 퍼지면서 훨씬 풍성하게 역사를 기록하고 보관할 수 있었어.

책, 공책, 신문, 도화지, 벽지, 광고지…… 이것들의 공통점이 무얼까? 맞아, 모두 종이로 만들어졌다는 거야. 종이는 물건을 포장하거나 공예품을 만드는 데도 쓰이지만, 주로 무언가를 쓰거나 그리는 도구로 쓰이지.

요즘에는 컴퓨터의 글쓰기 기능이 종이를 대신하기는 하지만 그렇다고 종이의 쓰임새가 줄어든 건 아니야. 그러기는커녕 오히려 더 늘어나고 있는걸. 종이가 그만큼 우리에게 쓸모 있는 물건이라는 뜻이지. 무언가를 종이에 쓴다는 건 그냥 입으로 말하는 것과는 달라. 말은 한번 내뱉으면 흔적도 없이 사라지지만, 종이에 글을 쓰면 그대로 남아서 쌓이게 되잖아. 제대로 된 지식과 정보는 여러 사람이 오랜 시간 서로 주고받으면서 완성해 가는 거야. 그러려면 종이가 꼭 있어야만 하지.

이처럼 정보의 역사에서 중요한 역할을 맡은 종이는 언제 처음 만들어졌고, 또 어떻게 모습을 바꾸어 왔을까? 또 종이는 인류의 역사에서 어떤 몫을 담당했을까? 자, 이제부터 흥미롭고 재미난 종이 세계를 여행해 보자.

너 혹시 원시 시대 동굴 벽화를 본 적이 있니? 그 벽화에는 태양이나 동물, 사냥하는 장면 따위가 그려져 있어. 사람들은 이런 벽화를 통해서 자신들의 소원이 이루어지기를 바랐어. 자기 생각이나 마음을 그대로 벽화에 나타낸 거야.

원시 시대에는 동굴 벽이 종이나 마찬가지였어. 무언가를 쓰거나 그려서 생각을 표현하고, 또 훗날까지 기록으로 남겼으니 오늘날 종이의 기능과 다를 게 없잖아.

이걸 좀 다른 식으로 표현해 볼까? 인류는 생각 씨앗을 틔우는 순간부터 종이를 필요로 했어. 생각을 가지게 되면서 그걸 표현할 도구가 필요했던 거야. 그건 어린아이가 연필이나 크레파스를 가지고 노는 걸 봐도 알 수 있지. 글씨를 전혀 모르는데도 도화지며 방바닥, 벽에다가 이상한 그림을 그리곤 하잖아. 아직 생각이 또렷하게 잡히지 않았고 그림 솜씨가 서투르기는 하지만, 아이들은 나름대로 무언가를 표현하고 있어. 다른 동물들은 그렇게 행동하지 못해. 오직 사람만이 본능처럼 지니고 있을 뿐이지.

인간이 자기 생각을 내보이고 무언가를 기록해서 남기려는 욕망은 문자를 발명해 냈어. 문자가 생기기 전에는 그림으로만 생각을 표현할 수 있었으니 얼마나 답답했겠니? 예를 들어 들소와 창을 그린 그림을 보면 들소를 창으로 사냥했다는 이야기인지, 들소가 창을 피해 달아났다는 이야기인지 정확히 알 수 없었어. 하지만 문자로 기록하면서 모든 게 또렷해졌지.

　게다가 놀랍게도 문자로 무언가를 쓰는 순간, 흐릿했던 생각들이 한결 정리되곤 했어. 너도 그런 경험이 있을 거야. 수학 문제를 머릿속으로만 계산하면 자꾸 엉키다가도 종이에 쓰면서 풀면 쉽게 정답을 맞히고는 하잖아. 이처럼 인류는 문자를 쓰면서 생각이 폭발적으로 자라나게 되었단다. 생각의 크기가 커질수록 그걸 담아낼 그릇, 종이가 필요했지.

　처음에는 점토나 짐승 뼈에 글씨를 새겼어. 하지만 점토나 짐승 뼈에 글씨를 새기려면 힘이 들고 시간도 오래 걸렸어. 게다가 보관하는 일도 여간 만만치 않았지.

좀 더 쓰기 쉽고, 보관하기도 간편한 도구가 어디 없을까? 5천 년 전쯤 고대 이집트 사람들은 정말 멋진 방법을 발명했어. 이집트 나일 강가에는 파피루스라는 식물이 아주 많이 자라고 있었지. 파피루스를 얇게 쪼개어 가로세로로 엮은 다음 햇볕에 말리면 푸른 풀물이 빠져 하얗게 바뀌었어. 표면이 매끄럽고 부드러워서 글씨를 쓰기에 더없이 좋았지. 또 가볍고 부피가 크지 않아서 보관하거나 가지고 다니기도 편리했어. 비로소 오늘날 종이와 가까운 도구를 발명한 거야. 종이를 뜻하는 영어 '페이퍼paper'도 파피루스라는 말에서 유래했단다.

파피루스 종이가 발명되면서 어떤 변화가 생겼을까?

우선 더 많은 사람이 문자를 쓰게 되었어. 이전에는 왕족과 제사장만 문자를 사용할 수 있었지. 하지만 이때부터는 상인이나 군인도 조금씩 파피루스 종이에 글씨를 써서 정보를 나누곤 했어.

그러면서 더 많은 문자와 낱말이 새로이 태어났을 거야. 지식과 정보는 나누면 나눌수록 더 커지고 알차게 다져지는 법이잖아. 그러니 파피루스 종이가 발명되면서 이집트 문명이 한 발짝 더 발전한 셈이야.

이집트 문명의 온갖 정보와 지식은 파피루스 종이에 실려 유럽으로 전파되었어. 유럽 문명이 탄생할 때 파피루스 종이가 한몫 단단히 해낸 거지.

하지만 파피루스 종이도 뭔가 부족한 점이 있었어. 점토와 짐승 뼈 같은 데 견줄 바가 아니지만 여전히 두껍고 큼지막했지. 게다가 풀을 겹쳐서 만든 거라 수명이 그리 길지 않았어. 파피루스가 자라지 않는 지역에서는 종이를 만들지 못한다는 것도 문제고 말이야. 이래서는 정보를 온전히 전달하기 어렵지.

105년에 중국의 채륜이 이런 문제를 한꺼번에 해결했다고 해. 채륜은 나무껍질, 베옷, 그물 따위를 잘게 짓이겨서 물에 푼 다음 채로 걸렀지. 이걸 그늘에 말리면 얇은 종이가 되었단다. 베옷은 삼이라는 식물에서 뽑은 베로 만든 옷이고, 또 당시에는 그물도 풀과 나무껍질로 짰으니 결국 채륜은 여러 식물의 끈적끈적한 섬유질 성분을 이용해서 종이를 만든 거지. 식물의 섬유질을 이용한다는 점에서 오늘날 종이를 만드는 원리와 똑같아. 비로소 온전한 의미의 종이가 탄생한 거야.

채륜의 종이는 부드럽고 수명도 아주 긴 데다 가볍고 얇았어. 여러 장을 한데 묶어 책으로 만들 수도 있었지. 또 풀에서 재료를 뽑았기 때문에 종이 만드는 방법을 알면 어디서나 어렵지 않게 만들 수 있었지. 중국은 처음에 종이 만드는 방법이 다른 나라에 알려지는 걸 꺼렸어. 종이가 얼마나 큰 힘을 지녔는지 알았던 거야. 그러기에 더더욱 이웃 나라에서는 종이 만드는 비법을 알고 싶어 했어. 결국 종이 만드는 방법은 동쪽으로는 우리나라와 일본, 서쪽으로는 인도와 아라비아를 거쳐 유럽으로 퍼져 갔어.

그런데 말이야. 최근에 채륜이 만든 종이보다 2백여 년 앞선 것으로 추정되는 종이가 발굴되었대. 중국에서는 일찍부터 대마나 넝마 같은 식물을 재료로 삼아 종이를 만들었다는 거지. 채륜은 단지 종이 만드는 법을 체계적으로 정리한 것뿐이고. 그렇더라도 종이의 중요성을 알고 종이 만드는 법을 정리해 널리 알린 채륜의 공은 인정해야겠지?

종이가 인류에 끼친 영향은 이루 말할 수 없을 정도야. 인류는 비로소 많은 정보를 한꺼번에 전달하고 보관할 수 있게 되었어. 덕분에 훨씬 풍성하게 역사를 기록하고 보관할 수 있었지. 나아가 백성들도 비로소 글자를 알게 되었고, 자기 생각을 직접 글로 써서 남기기도 했단다. 종이가 발명되면서 인류는 비로소 깊이 있는 지식 세계를 이룰 수 있었던 거야.

# 글자를 찍어 내는 기계가 발명되다

인쇄술의 발명으로 책은 더 이상 희귀한 게 아니었어.
왕과 귀족들만이 지니던 지식과 정보를 모든 사람이 함께 나누게 된 거야.

참, 종이와 더불어 하나 더 살펴볼 발명품이 있어. 사실 이 발명품이 나오지 않았다면 지식과 정보가 제대로 전파되기 힘들었을 거야. 그게 뭘까?

이제부터 들려주는 이야기를 듣고 그게 무엇인지 한번 알아맞혀 봐. 16세기 초반 유럽에서 실제로 일어났던 일이야. 당시 유럽은 기독교가 큰 영향력을 발휘하고 있었어. 성경과 하느님 말씀이 법이고 진리였지. 아무리 큰 나라 왕도 기독교의 뜻을 함부로 거스르지 못했어. 교회는 국가보다 큰 힘을 지니고 있었단다.

그런데 기독교가 아무도 넘보지 못하는 힘을 지니면서 안 좋은 일이 생겨났어. 몇몇 성직자들이 큰 교회를 짓는다면서 돈을 흥청망청 쓴 거야. 심지어 교회에서 가장 높은 자리에 있는 교황도 자기 재산을 늘리기 위해 온갖 못된 일을 저질렀지.

그중 하나가 면죄부를 펴낸 거였어. 사람들에게 죗값을 덜어 준다면서 돈을 받고 면죄부를 판 거야. 이건 순전히 교황이 돈을 모으려고 꾸며 낸 말이지. 성경 어디에도 면죄부를 사면 죄를 용서받는다는 말은 없거든. 하지만 사람들은 하느님의 뜻을 전하는 교황의 말이니 무조건 받아들였지.

몇몇 사람들은 오래전부터 교회의 잘못을 바로잡으려고 노력했어. 하지만 그 사람들의 주장은 대부분 메아리 없는 아우성에 그치고 말았단다. 주장을 널리 퍼뜨릴 만한 아무런 방법도 없었기 때문이야. 대신 온갖 비난과 멸시를 받아야 했고, 또 목숨을 잃기도 했지.

그런데 1517년, 독일에서 놀라운 사건이 터졌단다. 비텐베르크 성교회의 문에 교회와 교황의 잘못을 조목조목 따져서 꼬집은 글이 나붙은 거야. 이 글을 붙인 사람은 다름 아닌 성경을 연구하는 신학자이자 대학교수인 마르틴 루터였어. 교회는 펄쩍 뛰며 루터를 비난하기 시작했지.

하지만 이번에는 상황이 좀 달랐어. 루터는 한 치도 물러서지 않고 교회에 당당하게 맞섰단다. 게다가 루터를 따르는 사람들이 교회를 비웃는 그림과 성경을 널리 퍼뜨리며 순식간에 커다란 세력을 이루었지. 결국 루터는 오랜 싸움 끝에 고인 물처럼 썩어 가던 기독교를 개혁해 냈어. 교회의 개혁으로 유럽은 비로소 중세에서 벗어나 근대로 넘어서게 되었지. 훗날 역사가들은 교황의 권위에 맞서 자기주장을 굽히지 않은 루터를 역사상 가장 용기 있는 사람으로 기록했단다.

자, 여기서 한번 찬찬히 들여다보자. 종교 개혁은 루터의 용기 있는 외침에서 시작되었어. 하지만 루터 혼자서 교회의 엄청난 힘에 맞서기는 불가능했지. 그러면 루터가 종교 개혁에 성공한 까닭은 무엇일까? 그건 많은 사람이 루터의 생각을 따르면서 교회의 잘못을 고치려고 힘을 모았기 때문이야. 그러면 루터는 어떤 방법으로 사람들을 한데 모았을까? 사람들은 어떻게 '루터라는 사람이 교회의 잘못에 맞서고 있다'는 정보를 순식간에 알게 되었을까?

그건 바로 인쇄술 때문이야. 루터의 글을 여러 사람이 읽을 수 있었던 것도, 교회를 비웃는 그림이 널리 퍼질 수 있었던 것도, 성직자만 보던 성경을 일반 사람들까지 볼 수 있게 된 것도, 마침 그때 종이에 글자를 인쇄하는 기술이 발명되었기 때문이지.

구텐베르크라는 독일 사람은 1440년 무렵에 주석과 납의 합금으로 활자를 만들어서 종이에 인쇄하는 기술을 발명했단다. 금속 활자 인쇄술의 발명은 종이에 날개를 달아 준 격이었어. 이전까지는 책을 만들려면 처음부터 끝까지 손으로 베껴 써야 했거든. 엄청난 시간과 노력이 필요했지. 하지만 이제 종이만 있으면 백 권이건 천 권이건 마음대로 찍어 낼 수 있었어.

인쇄술의 발명으로 책은 더 이상 희귀한 게 아니었단다. 신분의 높고 낮음과 관계없이 더 많은 사람이 글을 읽고 쓸 수 있게 되었지. 왕과 귀족, 성직자들만이 가졌던 지식과 정보를 모든 사람이 함께 나누게 된 거야. 책을 통해 합리적인 생각들을 갖춘 사람들은 서서히 자기의 정당한 권리를 주장했어. 종교 개혁뿐만 아니라 과학 혁명, 산업 혁명, 민주주의 제도가 이때부터 싹튼 거지. 인쇄술의 발명은 이처럼 놀라운 사회 변화를 가져왔단다.

그런데 말이야. 구텐베르크보다 무려 2백여 년이나 앞서서 금속 활자 인쇄술을 발명한 나라가 있었어. 그게 어디냐 하면, 바로 우리나라야. 기록에 따르면 고려는 이미 1234년에 금속 활자로 《고금상정예문》을 인쇄했다고 해. 하지만 아쉽게도 이 인쇄본은 지금 남아 있지 않아.

뒤이어 1377년에는 금속 활자로 《직지심체요절》을 50여 권 인쇄했단다. 그런데 세월이 흐르면서 인쇄본 대부분이 자취를 감췄어. 《직지심체요절》은 아무런 흔적도 남기지 않고 역사 속에 묻힐 뻔했지. 세계 최초로 금속 활자를 발명한 나라라는 명예도 독일에 넘겨줄 판이었어.

그런데 놀랍게도 《직지심체요절》 인쇄본 가운데 한 권이 6백여 년의 시간을 훌쩍 넘어 1970년대에 프랑스에 모습을 드러냈어. 도대체 이게 어찌 된 일일까? 여기에는 슬픈 사연이 담겨 있단다.

1866년에 프랑스 군대가 강화도를 막무가내로 점령하고는 사람들을 함부로 해치고 양식을 빼앗아 갔단다. 참다못한 조선 군대와 백성들은 힘을 모아 프랑스 군대를 몰아냈어. 그런데 프랑스 군대는 강화도에서 물러나면서 마지막까지 못된 짓을 서슴지 않았어. 귀중한 책을 모아 둔 외규장각에 불을 지르고, 온갖 보물을 훔쳐 간 거야.

　이 사건 뒤에도 프랑스는 줄기차게 조선을 기웃댔어. 1888년, 결국 조선은 프랑스와 국교를 맺게 되었지. 그런데 이번에는 주한 대사로 들어온 콜랭 드 플랑시가 전국을 뒤지며 온갖 보물을 모아서 프랑스로 내보냈어. 이때 프랑스로 건너간 보물 가운데 바로 《직지심체요절》이 들어 있었던 거야.

　《직지심체요절》은 현재 프랑스 국립 박물관에 보관되어 있어. 우리나라에서 아무리 돌려 달라고 해도 못 들은 체하면서 말이야. 참 안타깝고 서글픈 일이지. 프랑스가 지난날 잘못을 뉘우치고 하루 빨리 《직지심체요절》을 돌려주었으면 좋겠어.

그런데 너 혹시 이런 궁금증이 생기지 않니? '우리는 종이 제작과 인쇄술에서 세계 최고의 기술을 가진 나라였는데, 왜 유럽 문명보다 뒤처지게 된 걸까? 책을 많이 인쇄해서 지식과 정보를 나누었다면 더 힘센 나라가 되었을 텐데.' 하고 말이야.

동양은 서양과 다른 방식으로 문명을 발전시켜 왔어. 서양이 밖으로 힘을 내보였다면, 동양은 안으로 지혜를 쌓아 갔지. 또 서양이 물질을 앞세웠다면, 동양은 정신을 앞세웠어. 그러니 우리나라 문명이 서양에 견주어 뒤처진다고 말할 수는 없는 노릇이야. 어려움에 빠진 현대 사회가 새삼 동양 문화와 사상에 눈을 돌리는 것도 이 때문이란다. 그렇더라도 우리의 앞선 기술을 이용해서 백성들하고도 좀 더 많은 지식과 정보를 나누었더라면 하는 아쉬움은 여전히 남는구나. 그 아쉬움을 네가 앞으로 채워 갔으면 해.

네 번째 마당

우표, 편지에 날개를 달아 주다

# 85년 만에 도착한 편지

편지를 주고받으려면 전화나 인터넷에 비해 많은 시간이 걸려.
그러기에 전화나 인터넷과는 견줄 수 없는 매력이 있단다.

요즘 사람들은 멀리 소식을 전하거나 안부를 물을 때면 간단하게 이메일을 보내지. 또 전화로 직접 통화하기도 하고 말이야. 전화나 인터넷 같은 정보 통신 수단이 발명되어 일상생활에 쓰인 건 아주 최근 일이야. 전화기가 세상에 처음 나온 게 1840년대니까 기껏 해야 170년쯤밖에 안 되었지.

그럼, 전화나 인터넷이 없던 시절에는 어떻게 서로 소식을 주고받았을까? 그래, 편지를 써서 보냈지. 편지는 오랜 세월 동안 정보를 나누는 아주 중요한 수단이었어. 문자와 종이가 발명된 뒤로는 편지가 세상 대부분 소식을 실어 날랐다고 해도 틀린 말이 아니야. 이처럼 오랫동안 사람들과 함께해 왔으니 눈물과 웃음이 깃든 이야기도 아주 많지. 그런 이야기 가운데 아주 감동적인 사연을 하나 들려줄게.

영국에서 실제로 있었던 일이야. 1999년 3월 어느 날이었어. 한 어부가 고기를 잡으려고 강가로 나갔지. 어부는 그물을 걷어 올리다가 물고기와 함께 딸려 올라온 병 하나를 발견했단다. 병 입구는 밀랍으로 꽁꽁 막혀 있었고 그 속에는 뭔가가 들어 있었지. 어부는 조심스레 밀랍을 떼어 내고 안에 들어 있는 물건을 꺼내 보았어. 그건 바로 두 장짜리 편지였단다.

　편지 앞 장에는 "이 병 속의 편지를 발견하는 이에게. 이 편지를 제 아내 엘리자베스에게 전해 주시고, 전쟁터로 나가는 이 병사의 축복을 받으십시오."라고 씌어 있었어.

　그리고 다음 장에는 아내에게 쓴 편지가 있었지.

　"당신에게 이 편지가 전해질지 모르겠지만, 당신을 향한 내 사랑을 병 속에 담아 바다에 띄워 보내오. 만약 이 편지가 당신 품으로 가거든 소중히 간직하여 주오. 사랑하는 이여, 안녕. 당신의 남편 토머스 휴즈로부터. 1914년 9월 ○일."

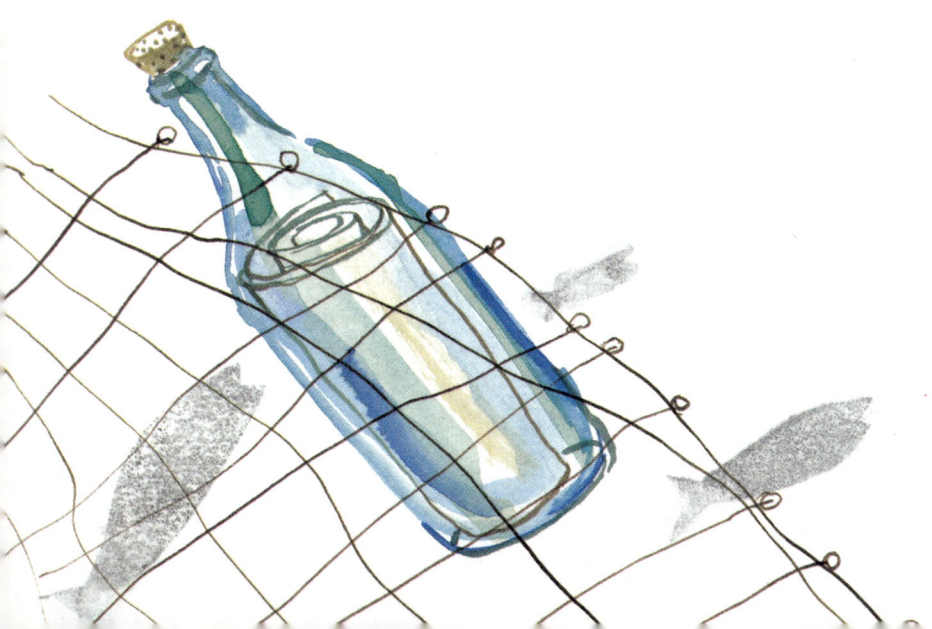

편지를 읽어 내려가던 어부는 마지막에 쓰인 날짜를 보고 '세상에! 1914년이면 무려 85년 전에 쓰인 편지라는 얘기잖아.' 하고 깜짝 놀랐어. 어부는 곧장 경찰서로 달려가 편지를 건넸어. 물론 주인을 꼭 찾아 달라는 부탁도 잊지 않았지.

경찰은 애틋한 편지 속 주인공을 찾기 위해 발 벗고 나섰단다. 하지만 편지 속 엘리자베스는 쉽사리 모습을 드러내지 않았어. 결국 영국 정부까지 엘리자베스 찾기에 나서서 온갖 수소문 끝에 엘리자베스가 뉴질랜드로 이민 갔다는 사실을 알아냈지. 영국 정부는 뉴질랜드로 사람을 보내 엘리자베스가 머물던 곳을 찾아냈어. 하지만 엘리자베스는 이미 세상을 떠난 뒤였단다. 다행히 토머스 휴즈와 엘리자베스 사이에 난 딸이 살아 있었지. 딸은 흰머리 가득하고 주름진 여든일곱 살 할머니였어.

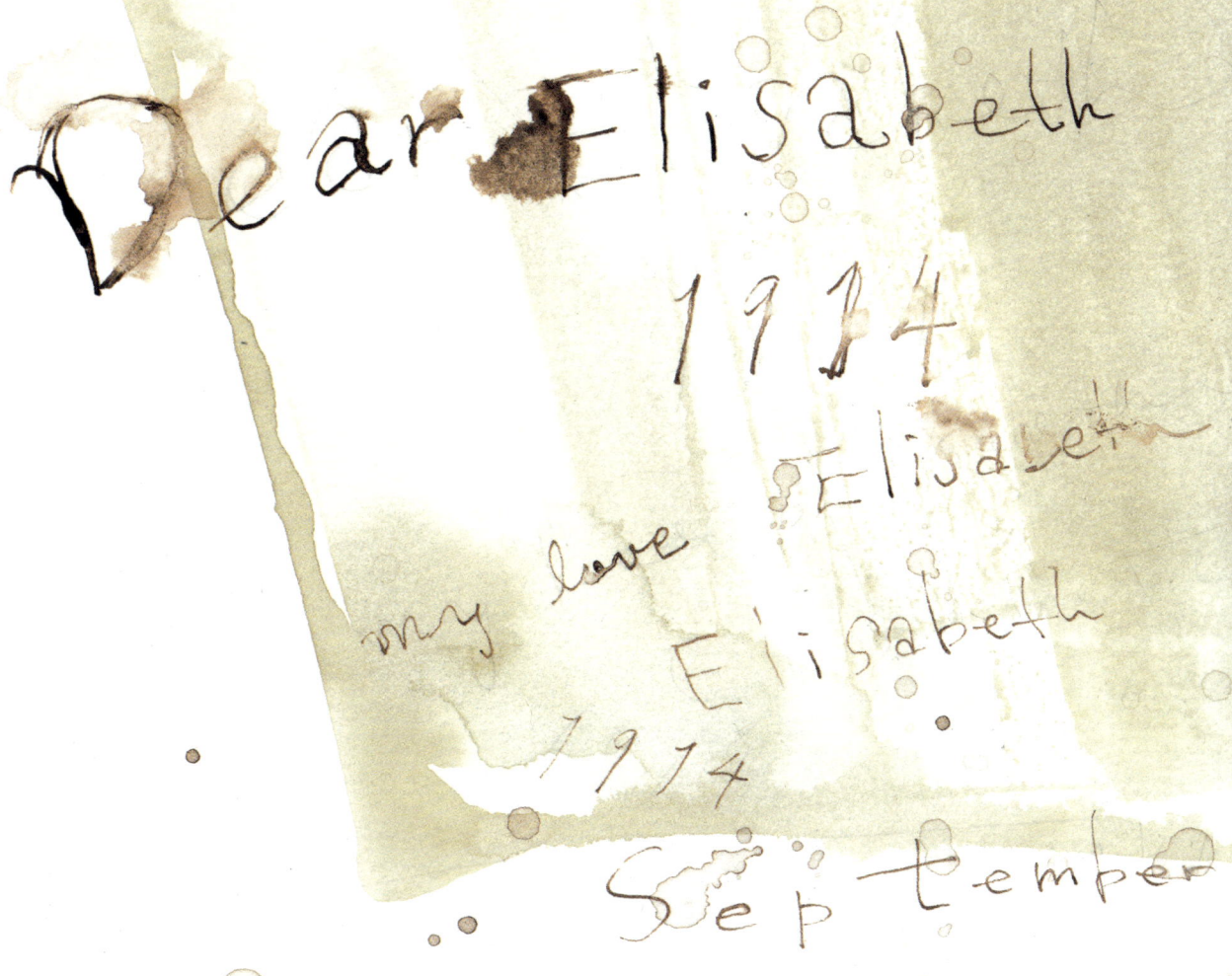

85년 전, 토머스 휴즈와 엘리자베스는 두 살 난 딸을 둔 신혼부부였어. 둘은 서로를 지극히 아끼고 사랑했지. 하지만 이 행복한 부부 앞에는 잔인한 운명이 기다리고 있었단다. 1914년 6월, 제1차 세계 대전이 터진 거야. 그해 9월에 영국도 전쟁의 소용돌이에 휘말리게 되었지. 토머스 휴즈는 전쟁터로 가는 위해 군함에 몸을 실었어. 삶과 죽음의 갈림길에 선 토머스 휴즈는 아내와 딸 생각으로 잠을 이룰 수가 없었어. 어떻게든 그리워하는 마음을 가족에게 전하고 싶었지. 하지만 전쟁이 터진 혼란스러운 시절에 이름 모를 병사의 마음을 전할 수 있는 방법은 아무것도 없었어. 그래서 그는 생각 끝에 편지를 써서 병에 담아 바다에 띄웠던 거야.

　몇 달 뒤, 안타깝게도 엘리자베스는 남편이 죽었다는 소식을 전해 들어야 했어. 그녀는 하늘이 무너지는 듯한 슬픔에 빠졌지. 남편과의 추억이 깃든 곳에서 단 하루도 살 수가 없었어. 결국 두 살짜리 딸과 함께 뉴질랜드로 이민을 가게 되었단다.

어때, 마음이 좀 먹먹해지지 않니? 85년 만에 아빠의 편지를 받은 딸의 마음은 어땠을까 궁금하기도 하고. 아빠가 서른 살 때 쓴 편지를 여든일곱 살 할머니가 되어서야 받아 보았다는 사실도 참 이상한 기분이 들게 하지.

85년 만에 편지가 도착한 사연은 아주 특별한 경우지만, 편지를 주고받으려면 기본적으로 많은 시간이 걸려. 요즘에도 나라 밖으로 편지를 보내려면 길게는 한 달 넘게 걸리기도 해. 전화나 인터넷에 견주면 정말 답답하기 이를 데 없지.

그런데 말이야, 편지에는 전화나 인터넷과는 견줄 수 없는 매력이 있어. 편지지에 한 자 한 자 써 내려가려면 더디고 느릴 수밖에 없어. 글씨가 틀리기라도 하면 지우고 다시 써야 하니 참 성가시고 귀찮은 노릇이지. 그래서 편지를 쓸 때면 찬찬히 상대방을 떠올리면서 조심스럽게 편지지를 채워 가게 돼. 그만큼 상대방에 대한 마음을 좀 더 고민하고 정리해서 보여 주는 거지. 이렇듯 편지는 단순히 정보뿐만 아니라 마음까지 전달하는 통신 수단이란다.

# 값싸게 편지를 배달하는 기막힌 아이디어

로랜드 힐은 어느 순간 멋진 생각이 떠올랐어.
'그래! 돈을 배달부에게 직접 내는 게 아니라, 우표를 편지에 붙이면 되겠네!'

편지와 관련된 재미난 정보를 하나 알려 줄게. 너 혹시 산타클로스한테 편지 받고 싶지 않니? 설마 "에이, 내가 아무렴 산타클로스가 있다고 믿는 줄 아세요? 크리스마스 선물을 주는 사람이 아빠, 엄마라는 것쯤은 초등학교 들어가기 전부터 알았다고요!" 하고 손사래를 치는 건 아니겠지? 농담이 아냐. 정말로 산타클로스한테 편지 받는 방법을 가르쳐 줄게.

우선 산타클로스한테 편지를 쓴 다음에 'Santa Claus Office, Fin 96930 Arctic Circle, Finland'로 보내면 돼. 이 주소는 핀란드에 있는 산타클로스 마을이란다. 편지가 마을에 도착하면 산타클로스들이 읽어 보고 답장을 해 준대. 다만 전 세계에서 수많은 편지가 배달되기 때문에 일일이 답장을 쓰는 데 시간이 좀 오래 걸려. 12월에 편지를 보내면 이듬해 6월쯤에나 답장을 받을 수 있지.

이 기회에 산타클로스 할아버지한테 편지 한번 써 볼래? 핀란드 어를 모른다고? 한글로 써도 괜찮아. 번역해서 읽어 본대. 참, 편지 보낼 때 우표 붙이는 거 잊지 말고!

우표 이야기가 나왔으니 말인데, 너 혹시 우표가 어떻게 생겨났는지 아니? 오늘날처럼 우표를 붙여 편지를 보내는 우편 제도가 발달하기까지는 수많은 어려움이 있었단다.

인쇄술이 발명되면서 편지량이 눈덩이처럼 불어났어. 글자를 읽고 쓸 줄 알게 된 사람들이 너나없이 편지를 주고받게 된 거야. 덕분에 편지를 배달하는 회사도 생겨났어. 이탈리아의 한 회사는 2만 명이 넘는 직원을 유럽 곳곳에 두고 편지를 배달할 정도였지.

그런데 당시에는 편지를 전달하는 요금이 아주 비쌌어. 예를 들어 이웃 나라에 편지를 전달하려면 말이나 마차, 배를 타는 값은 물론이고 식사와 잠자리 비용까지 함께 내야 했지. 또 배달료가 정해져 있지 않고 거리나 상황에 따라 들쭉날쭉했단다.

그러다 보니 편지를 받을 사람이 편지를 받지 않겠다고 거절하는 일이 생기곤 했어. 그때는 편지를 받는 사람이 비용을 내야 했는데, 비용이 비싸니까 내지 않으려고 했던 거지. 심지어는 이런 일도 있었대. 봉투만 보고도 편지 내용을 알 수 있게 보내는 사람과 받는 사람이 미리 약속을 해 놓고, 동그라미나 세모 같은 간단한 기호로 전하고자 하는 내용을 봉투에 표시하는 거야. 그러면 받는 사람은 그 표시만 확인한 다음 편지를 받지 않고 돌려보냈어. 이러니 편지를 받는 사람과 편지 배달부 사이에 옥신각신 싸움이 잦을 수밖에.

1839년 어느 날 일이었어. 런던의 어느 거리를 지나던 로랜드 힐은 문득 사람들이 목소리를 높인 채 다투고 있는 광경을 보게 되었단다. 무슨 일인지 귀를 기울여 보니, 편지를 받을 사람과 편지 배달부가 "편지를 받아라.", "받지 못하겠다." 하며 싸우는 거였지.

로랜드 힐은 그 싸움을 보면서 '편지 배달료를 미리 받는다면 편지 때문에 싸우는 일이 없을 텐데.' 하고 생각했어. 편지를 보내는 사람이 배달료를 내면 굳이 편지를 받지 않을 이유가 없잖아. 하지만 그 역시 문제가 없는 것은 아니었어. 먼저 돈을 받은 배달부가 편지를 배달하지 않으면 모든 게 허사니까.

요모조모 고민해 보던 로랜드 힐의 머릿속에 갑자기 멋진 생각이 떠올랐어. '그래! 미리 배달료를 낸 뒤 그 영수증을 편지 봉투에 붙이면 되겠네!' 하고 말이지.

그 영수증이 바로 우표야. 로랜드 힐은 무엇보다 편지를 관리하는 국가 기관이 필요하다고 생각했어. 그래야 우표를 믿고 살 수 있을 테니까 말이야. 또 우편 제도가 발달하려면 우편물이 많아야 한다고 생각했단다. 한번 생각해 보렴. 배달부가 편지 한 통을 배달하려고 먼 거리를 오가야 한다면 한 사람이 내야 할 배달료는 비쌀 수밖에 없어.

편지량이 많으면 상황은 달라지지. 편지 수천 통을 배달하게 되면, 그만큼 한 사람이 내야 할 배달료는 싸질 테니까. 그렇게 되면 사람들도 우편을 더 많이 이용할 테고 말이야. 우표 값이 싸지면 편지를 많이 쓰게 되고, 편지가 많아지면 우표 값이 더 싸지겠지.

귀족들은 로랜드 힐의 제안에 반대했어. 당시 귀족들은 공짜로 편지를 주고받을 수 있었거든. 그런데 로랜드 힐의 말대로 하자면 귀족들도 돈을 주고 우표를 사야 했으니 반대할 수밖에.

　하지만 로랜드 힐의 생각은 점점 힘을 얻어 갔어. 무엇보다 당시 영국은 산업 혁명으로 경제가 크게 발달하면서 서로 정보를 주고받아야 하는 일이 크게 늘어났지. 그런 마당에 간편하고 값싼 우편 제도가 생겨났으니 얼마나 고마운 일이었겠니? 우편 제도는 산업 혁명의 바람과 함께 순식간에 유럽과 전 세계로 퍼져 나갔어. 우표를 이용하는 사람이 많을수록 우편 제도는 발전했고, 우편 제도의 발전은 산업 사회의 발달을 앞당겨 주었단다.

로랜드 힐의 제안으로 영국에서 우편 제도를 도입하면서 최초로 내보인 우표가 바로 빅토리아 여왕의 초상이 담긴 1페니짜리 검은색 우표 '페니 블랙Penny Black'이야. 세상에 몇 장 남지 않은 이 우표는 값을 매길 수 없을 정도로 비싸게 거래되며 사람들의 사랑을 받고 있단다.

　우표는 편지를 배달하는 것뿐만 아니라 또 다른 역할도 해 주었어. 우표에는 그 나라를 대표하는 풍물이나 인물을 그려 넣었지. 덕분에 먼 나라에서 날아온 편지에 붙은 우표를 보고 그 나라 고유의 문화와 역사, 풍물을 알 수도 있었단다. 석굴암이나 거북선을 그려 넣은 우표를 외국 사람이 받아 보았다고 생각해 보렴. 그 사람은 작은 우표를 통해서 한국의 문화를 조금이나마 알 수 있었을 거야.

직접 발품을 팔아야 소식을 전할 수 있었던 세상에서 우표 한 장이 얼마나 큰일을 해 냈는지 상상할 수 있겠니? 네가 지금 지구 반대편 나라에 살고 있는 친구에게 직접 손으로 쓴 편지를 보낼 수 있는 것도, 세계 여러 나라의 신기한 우표를 모으며 그 나라의 문화를 알고 이해할 수 있는 것도, 모두 우표가 있기 때문이야. 조그마한 우표 한 장에 담긴 소중한 가치와 고마움을 되새겨 봐.

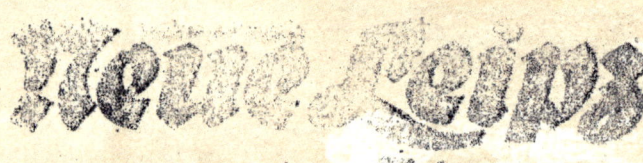

# 가장 새로운 소식을 가장 정확하게!

다섯 번째 마당

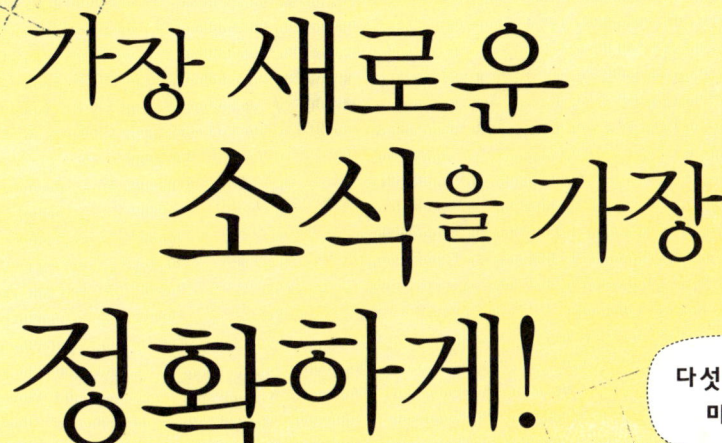

# 신문, 자유를 찾아가다

신문은 새로운 정보를 널리 알리는 수단이자 백성들의 생각을 깨우는 훌륭한 매체로 자리 잡았어.

너도 아마 가족 신문을 만들어 본 적이 있을 거야. 신문을 만들 때 어떤 내용을 기사로 썼니? 아빠 엄마랑 여행 갔던 이야기를 사진과 함께 싣기도 하고, 가족의 취미나 장기를 소개하는 칸도 만들었겠지? 좀 서툴러 보이기도 하고, 기사라고 해 봐야 가족 소식밖에 없지만 그것도 어엿한 신문이란다. 네 가족과 관련된 새로운 정보를 다른 사람에게 알린 거니까 말이야.

이른 새벽에 배달되는 일간 신문도, 학교에서 만든 학급 신문도, 경제나 법률이나 스포츠 같은 한 분야만 다루는 전문 신문도 모두 신문이지. 물론 종이로 인쇄되어 나오지 않고 인터넷 화면으로만 새 소식을 내보이는 것도 신문의 한 종류라고 할 수 있어.

그러고 보니 신문은 종류가 엄청나게 많구나. 왜 이렇게 많은 걸까? 그건 우리 사회에 그만큼 새로운 소식이 넘쳐나고, 또 소식을 알고 싶어 하는 사람이 많기 때문이지. 신문은 사회 곳곳에서 일어나는 사건을 취재해서 널리 알리는 역할을 맡고 있어. 때로는 신문에 난 기사 한 줄이 사람들 생각과 역사를 바꾸어 놓기도 한단다.

신문이 어떻게 생겨났고 어떤 일을 했는지 좀 더 자세히 알아볼까?

신문은 언제 처음 생겨났을까? 신문의 첫 모습을 찾아 고대 로마 시대로 가 보자.

로마의 정치가 카이사르는 용맹한 장수로 수많은 전쟁을 승리로 이끌었고, 거침없고 화려한 말로 지지 세력을 키워 갔단다. 그러고는 기원전 59년에 로마를 다스리는 최고의 자리에 올랐지.

카이사르는 권력을 유지하려면 시민들의 지지를 이끌어 내는 게 가장 중요하다는 사실을 알고 있었어. 그래서 생각해 낸 게 바로 최초의 신문 〈악타 디우르나〉야. '매일의 사건'이라는 뜻이지. 〈악타 디우르나〉는 원로원과 평민원에서 있었던 토론이나 회의 내용을 매일 로마 광장에 내걸었단다. 원로원과 평민원은 법을 정하고 나라의 주요 정책을 결정하는 기관이었어. 로마 시민들은 〈악타 디우르나〉를 보며 자연스럽게 정치에 관심을 가지게 되었고, 의원들은 시민들의 마음을 거스르지 않기 위해 늘 말과 행동을 조심하게 됐지. 이러한 신문을 만든 카이사르의 인기는 당연히 높아졌고 말이야.

성격이 좀 다르기는 하지만 중국 역사에서도 신문의 흔적을 찾아볼 수 있어. 너도 알다시피 중국은 땅덩이가 정말 넓잖아. 그러니 새로운 정보가 지방에 전해지기까지 아주 많은 시간이 걸렸지. 심지어는 나라가 새로 세워지고 임금이 바뀌었는데도 지방에서는 한동안 그걸 모르고 지내기도 했대. 중앙 정부에서 아무리 좋은 제도를 만들고 새로운 정치를 하려고 해도 지방 백성들 사이에 자리 잡지 못하면 아무 소용이 없지.

8세기경 당나라 황제 현종은 중앙 정부의 소식을 지방 관료에게 주기적으로 최대한 빠르게 전달하는 방법을 만들라고 지시했어. 이렇게 해서 탄생한 게 바로 중국 최초의 신문〈저보〉야.〈저보〉는 그 뒤로도 오랫동안 중국 땅에서 나라의 새로운 소식을 실어 나르는 역할을 맡았단다.

15세기 들어 유럽은 상업과 무역이 빠르게 발달했어. 그러면서 상인들은 돈을 벌기 위해 여러 지역의 새로운 정보를 필요로 했지. 이를테면 어느 지역 올리브 농사가 잘되었는지, 어느 지역 포도 농사가 흉년이 들었는지 알면 좋은 물건을 싼값에 사다가 필요한 지역에 비싸게 팔 수 있잖아. 그래서 상인들은 지역마다 업종마다 소식지를 만들어 주고받았단다. 오늘날로 치면 경제 신문이라고 할 수 있지.

　제대로 된 신문은 아무래도 구텐베르크가 금속 활자 인쇄술을 발명한 1440년 이후에 생겨났다고 봐야지. 앞서 말했듯이 인쇄술이 발명되고 나서야 비로소 한꺼번에 여러 장을 인쇄해서 여러 사람이 돌려 볼 수 있었으니까 말이야. 금속 인쇄술을 발명한 나라답게 독일에서 최초의 인쇄 신문인 〈플루크 블라트〉를 펴냈단다. 이 한 장짜리 신문에는 정치와 경제 소식을 비롯해서 떠도는 소문까지 여러 정보가 담겨 있었지.

놀랍게도 신문 한구석에는 세태를 풍자하는 그림도 한 장 들어 있었단다. 아마 글을 모르는 사람들도 이 그림을 보면서 재미나게 이야기를 나누었겠지. 말하자면 〈플루크 블라트〉는 글을 읽을 줄 모르는 사람들까지 독자로 삼았던 거야. 어엿한 대중 신문으로서 형식을 갖추었던 셈이지.

그런데 한 가지 아쉬운 점은 〈플루크 블라트〉가 아주 드문드문 나왔다는 거야. 그러니 새로운 소식을 빠르게 담아 전할 수 없었고, 사람들은 그게 언제 나오는지조차 짐작할 수 없었어. 하기는 당시에 신문이 정기적으로 나오는 건 불가능했을 거야. 그러려면 산업이 좀 더 발달하고, 글을 읽을 수 있는 사람들도 좀 더 많아지고, 사회 분위기도 좀 더 자유로워져야 했지.

17세기는 유럽에 산업 사회의 기운이 움터 오르던 시기야. 상인들이 성직자와 귀족들의 그늘에서 벗어나 힘을 키우게 되었지. 상인들의 가장 큰 관심사는 물건을 팔아서 이윤을 남기는 거야. 그런데 물건을 사야 할 사람들이 옛날 제도에 얽매여 까막눈으로 농사만 짓고 있으면 곤란하지. 스스로 물건을 살지 말지 선택하는 경제 주체로 서야 하잖아.

그러려면 무엇보다 사람들이 글을 읽고 새로운 지식과 정보를 얻어서 스스로 생각할 수 있어야지. 그래서 상인들은 일부러 인쇄술을 널리 퍼트렸단다. 일단 눈앞에 글자로 된 무언가가 있어야 그게 무언지 궁금해 하고 읽어 보려고 할 테니 말이야. 이렇게 나온 인쇄물 가운데 가장 큰 인기를 끈 게 바로 정기적으로 나오는 신문이었어.

1609년에 독일에서 최초의 주간 신문이 나오고 뒤이어 네덜란드, 영국, 프랑스에서 주간 신문이 발행되었단다. 그리고 드디어 1660년에는 독일 라이프치히 지방에서 세계 최초의 일간 신문이 발행되었어. 신문 이름은 '라이프치히 신문'이라는 뜻의 〈라이프치거 차이퉁〉이었지.

　신문은 새로운 정보를 널리 알리는 수단이자 사람들의 생각을 깨우는 훌륭한 매체로 자리 잡았어. 인쇄술이 발달하고 신문이 널리 읽히면서 유럽 사회는 중세 사회의 그늘에서 서서히 벗어나기 시작했단다.

이쯤에서 한 가지 확인하고 넘어가야 할 게 있어. 신문은 새로운 소식과 정보를 취재해서 전달하잖아. 이때 어떤 정보를 더하거나 빼지 않고 사실 그대로 보여 줘야 하지. 만약 신문이 사실을 잘못 쓰거나 거짓으로 꾸며서 전달하면 어떤 일이 벌어질까? 가짜 정보를 읽은 사람들은 결국 잘못된 생각에 빠질 수밖에 없겠지. 그래서 오늘날 신문사는 '사실 보도'를 가장 큰 원칙으로 삼는단다.

하지만 안타깝게도 초기에 발행된 신문들은 그러지 못했어. 신문을 내려면 먼저 그 지역을 다스리는 귀족과 성직자에게 허락을 받아야 했거든. 시민의 힘이 아무리 커졌다지만 여전히 중세 사회의 그림자가 짙게 드리운 시기였으니까 말이야.

그러니 귀족과 성직자를 비판하는 내용은 아예 싣지도 못했어. 또 앞서 이야기했듯이 당시에는 신문을 내는 이유가 결국에는 상인들이 더 많은 이윤을 남기기 위해서였잖아. 그러니 상인들 이익을 거스르는 내용도 실을 수 없었지. 신문이 사실을 있는 그대로 전달하기에는 이래저래 넘어야 할 장애물이 너무 많았던 거야.

신문이 제대로 자기 역할을 해내는 모습을 보려면 영국으로 건너가야 할 것 같구나. 17세기 초까지만 해도 영국은 왕의 권위가 하늘을 찔렀어. 그 당시 영국 왕이었던 찰스 1세는 제멋대로 권력을 휘두르며 이를 비판하는 의회를 탄압했어. 심지어 나중에는 의회를 없애버리기까지 했지.

참다못한 종교 개혁자와 상인들은 1640년에 힘을 합쳐 찰스 1세를 몰아냈어. 그러고는 의회를 다시 세워 나라를 다스리기로 했지. 이때 의회는 귀족 편에 선 왕당파와 시민 편에 선 의회파로 나뉘었어. 옛날 같으면 당연히 귀족들이 일방적으로 뜻을 폈을 거야. 하지만 이제는 시민들 힘이 커졌잖아. 두 세력은 팽팽하게 맞서며 자기 의견을 주장했단다.

그러자 신문에서도 의회 소식을 다루면서 왕당파와 의회파의 주장을 똑같은 무게로 싣게 되었어. 또 사실을 정확히 내보이는 데 최선을 다했지. 그래야 독자들이 누가 어떤 주장을 했는지 확실히 알고, 나름대로 판단을 내릴 수 있을 테니 말이야. 이때부터 신문은 사실 그대로 보도하는 것을 가장 큰 목표로 삼게 되었단다.

# 진실을 가리는 신문,
# 진실을 밝히는 신문

사실 그대로의 정보, 곧 진실은 엄청난 힘을 지니고 있단다.
그 힘은 누구의 것도 아니고 바로 우리, 평범한 시민들의 것이야.

진실만을 보도한다는 건 정말 어려워. 하다못해 사소한 말다툼만 해도 누가 옳고 그른지 가려내기 힘들잖아. 또 세상에는 진실이 밝혀지는 것을 두려워하는 사람들도 많단다. 그들은 무슨 수를 써서라도 참된 정보가 사람들에게 전해지는 것을 가로막으려고 하지. 그래서 신문도 자칫 그런 일들에 휘말리는 일이 생겨. 그게 가져올 결과를 생각하면 정말 아찔하지.

이제부터 두 가지 신문 이야기를 들려줄 거야. 하나는 진실을 감추고 거짓을 말한 신문 이야기이고, 또 하나는 목숨을 걸고 진실을 밝혀낸 신문 이야기야. 서로 다른 두 신문이 어떤 결과를 가져왔는지 꼼꼼히 견주어 봐.

먼저 1923년 독일로 가 보자. 슈트라이허라고 하는 젊은 청년이 자그마한 신문사를 차렸어. 신문 이름은 〈돌격대〉라고 지었지. 좀 무섭다고? 맞아. 슈트라이허는 신문으로 누군가를 공격하고 싶어 했어. 바로 유대 인을 말이야. 〈돌격대〉는 독일 경제가 어렵고 힘든 게 모두 유대 인 때문이라고 했어. 유대 인을 세균, 페스트, 기생충, 적, 악마라고 불렀지.

처음에 사람들은 〈돌격대〉의 내용을 믿지 않아. 정말 말도 안 되는 주장이었거든. 당시 독일의 정치와 경제가 어려워진 가장 큰 원인은 따로 있었어. 바로 제1차 세계 대전 때 독일이 땅을 넓히려고 전쟁에 참여했다가 오히려 큰 피해를 입었기 때문이지.

하지만 사람들은 살림살이가 점점 어려워지면서 〈돌격대〉의 말에 흘깃 귀를 기울이기 시작했어. 그럴수록 〈돌격대〉는 목소리를 높여 거짓말을 되풀이했지. 〈돌격대〉는 왜 이런 거짓된 정보를 떠들어 댔을까? 슈트라이허 뒤에는 거대한 세력이 도사리고 있었어. 바로 히틀러와 나치당이었지. 히틀러가 이끄는 나치당은 독일 민족이야말로 가장 위대하다고 믿었어. 그런데도 독일이 위기에 빠진 까닭이 바로 유대 인 때문이라고 몰아세운 거야. 어려운 상황에 대한 책임을 유대 인에게 떠넘긴 거지.

〈돌격대〉는 순식간에 인기 있는 신문이 되었어. 창간 이듬해에는 10만 부가 넘게 팔렸고, 나치가 독일을 다스리면서부터는 50만 부를 훌쩍 넘겼지. 〈돌격대〉는 나치를 대표하는 신문으로 이름을 날렸단다.

히틀러의 충실한 부하가 된 슈트라이허는 거짓된 정보를 포장하기 위해 갖은 노력을 기울였어. 온 나라를 돌아다니며 강연을 하고, 직접 유대 인을 고문하고 죽이는 일도 서슴지 않았지.

결국 나치 독일은 제2차 세계 대전을 일으켜 전 세계를 전쟁의 소용돌이로 몰아넣었어. 물론 〈돌격대〉는 전쟁 기간에도 "독일이 모든 전쟁에서 승리하고 있다.", "나치 군대가 가는 나라마다 사람들이 거리로 나와 환영한다.", "세계가 히틀러의 지도 아래 새롭게 태어나고 있다." 하면서 거짓 정보를 내보이기 바빴어.

더욱 놀라운 사실은 〈돌격대〉뿐만 아니라 당시 독일의 신문과 라디오, 텔레비전 대부분이 나치의 주장을 그대로 받아 전했다는 점이야. 진실을 전해야 할 신문이 오히려 거짓을 퍼트린 셈이지.

눈과 귀가 가려진 독일 국민들은 까닭 모를 미움과 증오에 사로잡혔단다. 그들은 나치 깃발을 들고, 나치 노래를 부르고, 히틀러를 받들었어. 남자들은 나치 군대에 들어가 전쟁터로 향했고, 여자와 아이들은 전쟁 무기를 만드는 공장에서 일했지. 그들은 더 나은 앞날을 기대했지만 결국 돌아온 건 죽음과 가난과 전쟁을 일으킨 국민이라는 손가락질뿐이었어. 독일 국민들은 오늘날까지 전쟁을 일으킨 범죄자라는 부끄러움에서 벗어나지 못하고 있단다.

여기 또 다른 신문이 하나 있어. 바로 1877년부터 미국에서 발행된 〈워싱턴 포스트〉야. 1972년 6월 어느 날, 〈워싱턴 포스트〉에 전화가 한 통 걸려 왔단다. 워싱턴에 있는 '워터 게이트'라는 빌딩에서 괴한 다섯 명이 경찰에 체포되었다는 내용이었어. 도둑이 물건을 훔치려고 빌딩에 몰래 들어갔다가 잡히는 일쯤이야 그리 큰 사건이 아니지. 두어 줄로 짤막하게 다룰 만한 기사였어.

하지만 이 제보를 받은 두 기자 밥 우드워드와 칼 번스타인은 뭔가 이상한 점을 발견했어. 체포된 다섯 사람은 미국인 한 명과 망명한 쿠바 인 네 명이었는데, 아무리 봐도 도둑질을 계획할 만큼 어울리는 조합이 아닌 거야. 또 그들은 경찰에 잡히자마자 자신들이 도둑이라고 자백을 했대. 그런데 정작 무엇을 훔치려고 했는지 물으면 우물쭈물했다지. 그때 다섯 명이 잡힌 '워터 게이트' 빌딩은 민주당이 사무실로 쓰고 있는 곳이었어.

93

우드워드와 번스타인은 곧장 현장으로 달려가 그 사건을 파헤치기 시작했단다. 아니나 다를까, 며칠 뒤 놀라운 사실이 밝혀졌어. 범인 가운데 미국인이 미국 정보부 요원이었던 거야. 뒤이어 그들이 민주당 사무실에 몰래 도청 장치를 설치하려 했다는 사실까지 드러났어. 과연 누가 민주당 사람들이 하는 이야기를 엿들으려고 했을까?

이걸 알기 전에 먼저 미국 정치 제도를 잠깐 살펴보자꾸나. 미국은 전통적으로 공화당과 민주당이 서로 힘을 겨루어 왔어. 또 대통령 임기는 4년이고, 선거를 통해 한 번 더 맡을 수 있었지. 마침 도청 장치 사건이 일어난 때는 대통령 선거 기간이었단다. 당시 대통령은 공화당 출신의 리처드 닉슨이었는데, 닉슨은 대통령에 한 번 더 오르기 위해 경쟁 상대인 민주당에 대한 정보가 필요했어.

이제 누가 도청을 지시했는지 알겠지? 그래, 바로 미국 대통령 닉슨이었어. 국민의 모범이 되어 법을 지켜 가야 할 대통령이 남 이야기를 몰래 엿듣는 나쁜 짓을 저지른 거야. 더군다나 원수 사이도 아니고, 깨끗하고 정당하게 경쟁을 펼쳐야 할 상대방을 몰래 도청한다는 건 있을 수 없는 일이지.

자, 문제는 이제부터야. 진실을 둘러싼 숨 막히는 싸움이 시작되었어.

한쪽은 대통령이라는 거대한 힘을 빌려 진실을 감추려 했어. 진실이 드러나는 순간 대통령 자리에서 물러나야 한다는 걸 알았으니 더욱 필사적이었지. 게다가 대통령 개인의 문제만은 아니었어. 미국은 자유롭고 정의로운 민주주의 나라라고 스스로 자랑해 왔잖아. 만약 대통령이 도청을 지시했다고 밝혀진다면, 그 자랑이 거짓말이 되는 셈이지. 그러니 미국 국민들 가운데도 진실이 드러나는 것을 두려워하는 사람이 적지 않았어.

이에 견주어 다른 한쪽은 한낱 신문사의 기자들이었어. 그들을 도와줄 사람은 아무도 없었지. 오직 발로 뛰며 진실을 파헤쳐야 했어. 진실에 가까이 다가갈수록 어두운 그림자가 그들을 짓눌렀단다. 두 사람은 없는 사실을 억지로 만들어 내려 한다는 비난을 받아야 했고, 심지어는 목숨을 빼앗겠다는 위협에까지 시달려야 했어. 하지만 두 사람은 그 어떤 위험을 무릅쓰고라도 진실을 밝혀내고 싶었지. 국민들은 진실을 알 권리가 있으며, 미국이 마지막까지 지켜야 할 가치가 바로 진실이라고 생각했거든.

진실을 둘러싼 싸움은 무려 2년 넘게 이어졌단다. 그동안 닉슨 대통령은 도청을 지시한 책임자로 여러 보좌관, 법률가, 장관을 내세웠어. 마치 도마뱀이 꼬리를 자르고 도망치듯, 끝내 자신이 도청을 지시했다는 사실을 숨기려 했던 거지. 또 턱밑까지 수사망이 좁혀 오자 수사를 지휘하던 검사를 파면하기도 했어.

　하지만 손바닥으로 하늘을 가릴 수는 없잖아. 결국 1974년 8월에 진실이 드러났어. 닉슨 대통령은 자기가 도청을 지시했으며, 갖가지 방법으로 그 사실이 알려지는 걸 방해했다는 사실을 털어놓았지. 그러고는 대통령 자리에서 물러났단다.

　〈워싱턴 포스트〉의 두 기자 밥 우드워드와 칼 번스타인은 대통령이 떠나는 뒷모습을 묵묵히 지켜보았어. 진실이 승리했다는 사실에 뿌듯해 하면서 말이야. 이 일은 미국 역사상 대통령이 임기 중에 자리에서 물러난 처음이자 마지막 사건으로 기록되었지. 이처럼 진실은 한 나라의 대통령까지 물러나게 할 수 있는 힘을 지녔단다.

우리는 신문의 두 가지 모습을 보았어. 하나는 진실을 감추어 국민을 전쟁터로 내몰았고, 또 하나는 진실을 밝혀내어 대통령을 자리에서 물러나게 했지. 어떤 정보를 있는 그대로 전달하는 게 때로 얼마나 어렵고 힘든 일인지 이제 알 것 같지?

사실 그대로의 정보, 곧 진실은 엄청난 힘을 지니고 있단다. 그 힘은 누구의 것도 아니고 바로 우리, 평범한 시민의 것이란다. 사람들 눈과 귀를 가리고 진실을 감추는 사회는 잘못된 길로 접어들게 마련이야. 모든 사람이 진실을 나누고 지혜를 모을 때라야 비로소 올바른 길로 나아갈 수 있지. 그 진실을 나누는 역할이 바로 신문을 비롯한 언론의 몫이란다. 어때, 그 어렵고도 멋진 직업에 너도 한번 도전해 보지 않을래?

# 빛의 속도로 소리를 실어 보내다

여섯 번째 마당

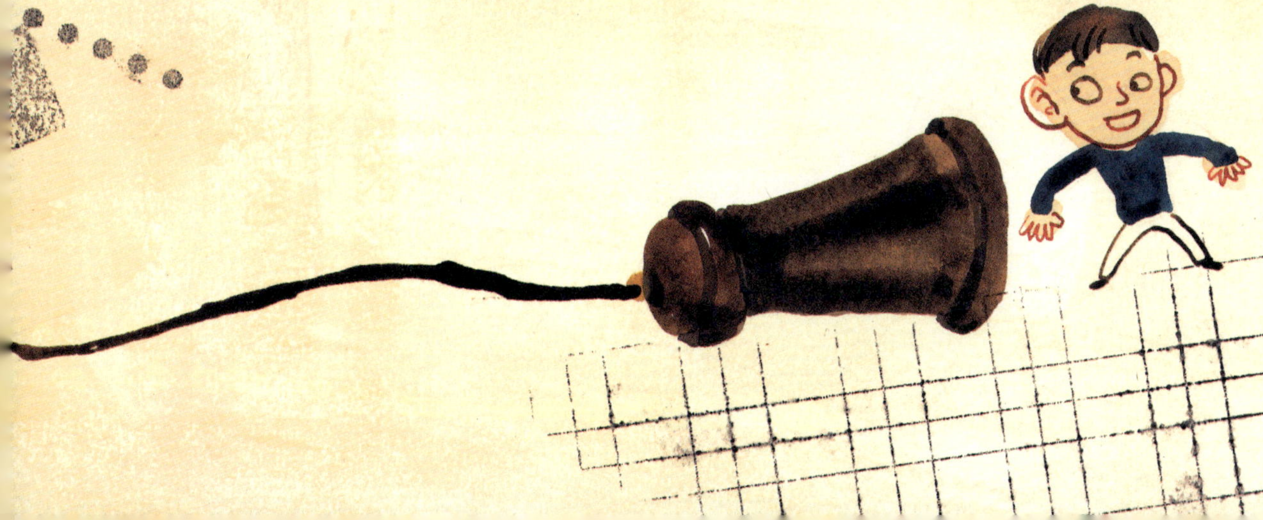

# 전선을 타고 들려오는 목소리

어쩌면 저리 많은 사람이 앞서거니 뒤서거니 하며 전화기를 발명해 냈을까?
전선에 목소리를 실어 나르려는 사람들 바람이 그만큼 컸기 때문일 거야.

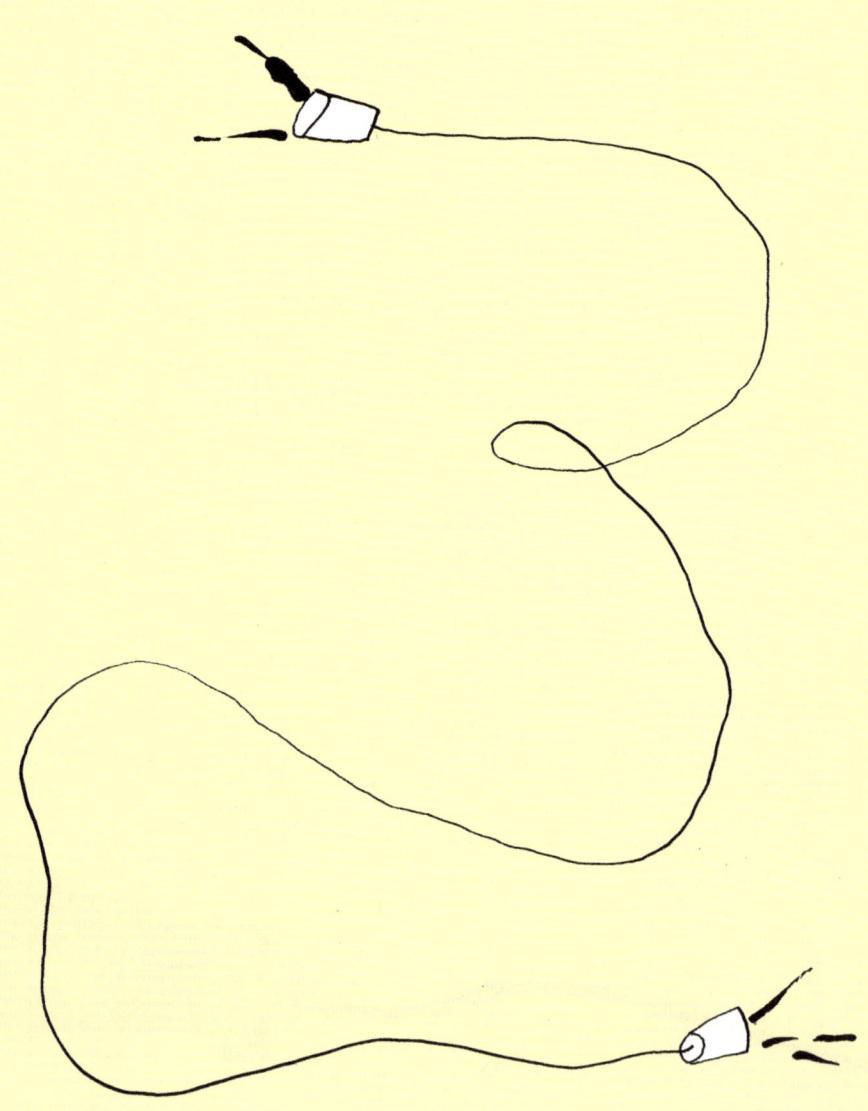

《삼국유사》에 따르면 신라 때 '포산'이라는 산에 두 스님이 살았대. 이 두 스님은 각각 포산의 남쪽 끝과 북쪽 끝에서 살았는데, 남쪽 스님이 북쪽 스님을 보고 싶어 하면 산에 있는 나무들이 모두 북쪽을 향해서 쓰러졌대. 그러면 북쪽에 있는 스님은 그걸 보고, '아! 남쪽 스님이 나를 만나고 싶어 하는구나. 머지않아 이쪽으로 건너오겠네.' 하고는 마당을 쓸고 음식을 장만하며 만날 채비를 했다는 거야.

설마 이 이야기가 사실이기야 하겠니? 슈퍼맨이 망토를 걸치고 하늘을 날아다니는 것처럼 상상 속에서나 가능한 일이지. 아마 《삼국유사》를 쓴 일연도 두 스님이 자연의 이치를 꿰뚫을 정도로 깊은 깨달음을 얻었다는 이야기를 하고 싶어서 이런 일화를 소개했을 거야.

오늘날에는 포산의 스님들이 아니더라도 아주 멀리 있는 사람과 손쉽게 이야기를 주고받을 수 있어. 전화번호만 알면 마치 옆에 있는 사람과 대화하듯이 정답게 이야기를 나눌 수 있지. 이런 것을 보면 우리는 참으로 편한 세상에서 살고 있는 것 같아.

앞서 살펴보았듯이 편지를 주고받으려면 시간이 많이 걸려. 또 상대방의 생각이나 마음을 바로바로 알 수가 없으니, 한 번에 많은 정보를 주고받기 어렵지. 하지만 전화가 발명되면서 이런 문제가 한꺼번에 해결되었어. 지구 반대편 사람과도 바로 곁에 있는 것처럼 이야기를 나눌 수 있게 되었거든. 전화는 시간과 공간을 뛰어넘어서 정보를 전달해 주는 꿈의 통신 수단인 거지.

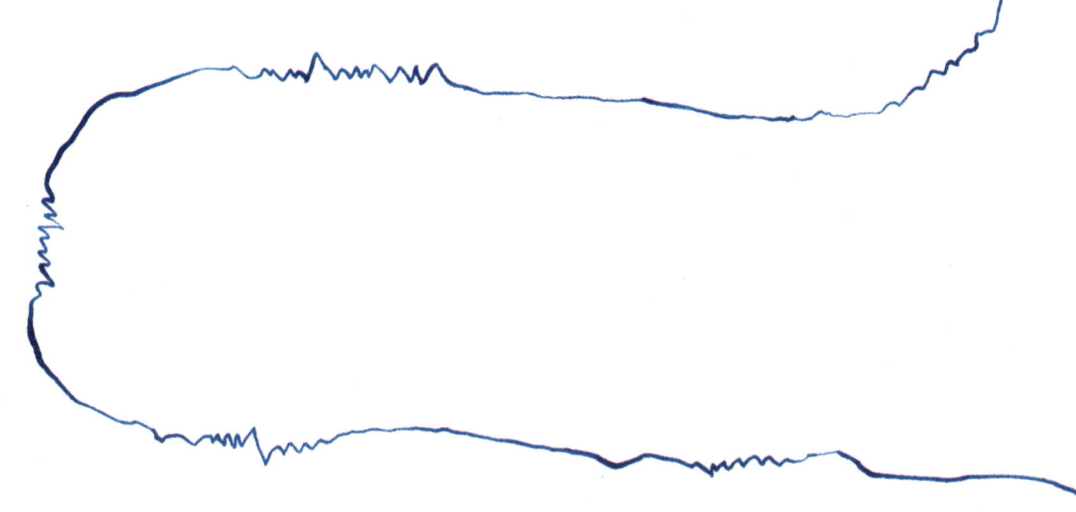

전화에 대해 이야기하려면 먼저 새뮤얼 모스를 만나 보는 게 좋겠어.

새뮤얼 모스는 1844년에 모스 부호를 써서 전선으로 신호를 보내는 데 성공했단다. 어떻게 전선을 통해 신호를 보냈느냐고? 모스가 생각해 낸 방법은 아주 간단해. 전선을 사이에 두고 한쪽에서 전류가 흘렀다가 끊기게끔 스위치를 눌렀다 떼면 반대쪽에서도 그걸 감지할 수 있지. 그러니 스위치를 빨리 두 번 누르면 'ㄱ', 2초 동안 길게 누르면 'ㅏ' 이런 식으로 미리 약속을 해 두면 간단한 문장을 전달할 수 있어.

모스 부호의 출현은 세상을 대번에 흥분의 도가니로 빠뜨렸어. 생각해 봐. 전기는 빛의 빠르기로 움직이잖아. 이전까지는 빠른 통신 수단이라고 해 봤자 말이나 기차, 배 정도였어. 봉화 같은 통신 수단도 제법 빠르다지만 기껏 한두 가지 내용을 전달할 수 있을 뿐이었지. 그런데 갑자기 빛의 빠르기로 정보를 자유롭게 전달하는 방법이 등장한 거야. 이제 전선만 연결되어 있으면 지구 어디라도 몇 초 안에 정보를 전달할 수 있게 되었어.

전선을 통해 소리를 전달할 수 있다는 사실을 안 사람들은 '어, 그러면 진짜 사람 목소리도 전달할 수 있지 않을까?' 하고 생각했어. 맞아, 드디어 사람들 머릿속에서 '전화기'가 기지개를 켜기 시작한 거야.

그럼 전화기를 맨 처음 발명한 사람은 누구일까? 예전에는 그레이엄 벨이 1876년에 처음 발명했다고 알고 있었어. 하지만 최근에는 엘리샤 그레이가 그보다 앞선 1874년에 발명했다는 걸 더 믿더구나. 실제로 엘리샤 그레이는 그레이엄 벨이 자신의 아이디어를 베꼈다고 소송을 내기도 했대. 또 한편에서는 필립 라이스, 안토니오 메우치 같은 사람이 먼저 전화기를 발명했다고 주장하기도 해.

이 가운데 어떤 게 진실인지는 잘 모르겠어. 어쩌면 이 사람들보다 더 먼저 전화기를 발명한 사람이 있을지도 모르지. 사실 나는 누가 정말 최초로 전화기를 발명했는지 그다지 궁금하지 않아. 그보다는 그 시기에 그 많은 사람이 전화기를 발명하는 데 매달렸다는 사실이 더 흥미롭단다. 어쩌면 저리 많은 사람이 앞서거니 뒤서거니 하며 전화기를 발명해 냈을까! 전선에 사람 목소리를 실어 나르고자 했던 사람들의 바람이 그만큼 컸기 때문일 거야. 물론 모스의 발명품이 큰 영향을 줬을 테고.

전화기는 전선에 소리를 실어 보내는 원리를 이용한 발명품이야. 호수에 돌멩이를 던지면 물결이 동그랗게 퍼져 나가잖아. 소리가 전달되는 원리도 마찬가지야. 우리가 말을 하면 소리가 물결 같은 파동을 일으키며 다른 사람 귀에 울리게 되지. 공기 중에서 목소리는 점점 파동이 줄어들어서 사라지지. 하지만 목소리를 전기 신호로 바꾸어서 전선에 실어 보내면 아주 멀리까지 살아서 전달된단다. 지구 반대편 사람과도 이야기를 주고받을 수 있는 거지.

전화는 사람들에게 정말 놀라운 변화를 가져다주었어. 정보를 주고받는 데 드는 시간과 비용을 한순간에 없애 버렸지. 그러면서도 마치 마주 앉아 있는 것처럼 생생하고 자세하게 서로의 생각과 마음을 전할 수 있었어. 전화가 발명되면서 비로소 지구는 하나로 묶였고, 똑같은 시간대를 살아갈 수 있었단다.

# 말하는 기계,
# 전화기의 발명

전화기는 정보를 순식간에 송두리째 전달해 버려.
그 말이 어디로 흘러가서 어떤 결과를 내올지는 아무도 모르지.

사실 전화기를 발명한 사람들도 이게 얼마나 놀라운 발명품인지 제대로 파악하지 못했어. 사실 그레이엄 벨보다 먼저 전화기를 발명했다는 사람들도 자신의 발명품이라는 걸 인정받으려고 했으면 먼저 특허를 신청하면 될 일이잖아. 하지만 다들 멀리서 목소리를 흐릿하게 들을 수 있는 신기한 과학 기구 정도로만 여겼던 거지. 그러니 그 가치를 알아보고 맨 먼저 특허를 낸 그레이엄 벨을 탓할 수만은 없는 노릇이야.

전화기가 세상에 나온 뒤에도 사람들은 한동안 관심을 보이지 않았어. 이미 모스의 전신기로 정보를 주고받을 수 있었고, 전화기는 설치하는 데 돈이 많이 들 뿐더러 아직은 목소리도 흐릿하게 들렸거든. 무엇보다 전선을 통해 목소리를 전달할 수 있다는 사실을 믿지 않으려 했어. 아무리 사람들 앞에서 통화하는 모습을 보여 주어도 눈속임 마술 정도로만 여긴 거야.

그레이엄 벨은 전화기의 뛰어난 성능을 알리기 위해 사방팔방으로 뛰어다녔어. 바다 건너 유럽까지 건너가 전화기를 알리는 데 열정을 쏟았지. 그레이엄 벨은 뛰어난 발명가였을 뿐만 아니라 열정적인 사업가이기도 했거든.

만에 하나 다른 사람이 먼저 특허를 냈더라도 그 사람은 전화기를 일반 사람들에게 널리 퍼트릴 엄두도 못 냈을 거야. 그러려면 돈을 마련해서 전신 시설을 설치해야 하고, 사람들을 설득해서 값비싼 전화기를 사게 만들어야 했거든. 하지만 그레이엄 벨은 그 엄청난 일을 조금씩 조금씩 이뤄 냈어. 아무리 뛰어난 생각도 그걸 인정받기 위해서는 이처럼 손과 발과 몸으로 움직여야 해.

그레이엄 벨 덕분에 사람들은 전화기가 얼마나 중요한 발명품인지 깨닫게 되었어. 전화가 인간 생활에 혁명을 몰고 올 거라는 사실을 눈치채기 시작한 거야.

하지만 전화기는 여전히 일반 사람들이 사용하기 힘든 물건이었어. 앞서 말했듯이 전화기를 사용하려면 한 가지 까다로운 조건이 필요했거든. 무엇보다 먼저 전신 시설을 설치해야 했어. 이 기술을 지닌 나라는 기껏 미국과 유럽 몇몇 나라뿐이었지. 그러니 전화기가 세계 곳곳으로 퍼져 나가는 건 거의 불가능해 보였어.

그런데 이런 악조건에도 전화기는 세계 곳곳으로 빠르게 퍼져 갔어. 몇 십 년 사이에 세계 대부분 나라가 전화기를 사용하게 되었잖아. 여기에는 미국을 비롯한 힘센 나라들의 속셈이 숨어 있단다. 우리나라에 전화기가 어떻게 들어와 퍼져 나갔는지 살펴보면 잘 알 수 있어.

우리나라는 1882년 중국에 다녀온 유학생이 처음 전화기를 들여왔다고 해. 하지만 실제로 전화기를 쓰게 된 건 1896년에 서울과 인천을 잇는 전화가 개통되면서부터야. 최초의 전화는 오직 나랏일에만 쓸 수 있었어. 심지어 고종 황제에게 직접 전화를 할 때는 먼저 전화기에 큰절을 세 번 하여 예를 갖추어야 했대.

당시 궁궐 전화기의 전화번호는 01-18960-0900이었어. 여기에서 '01'은 지역 번호, '18960'은 전화기가 도입된 연도를 기념하는 번호, '0900'은 전화기 코드 번호였다는구나. 사람들은 전화기를 '득률풍' 또는 '덕률풍'으로 불렀는데 이건 영어 '텔레폰 telephone'을 소리만 따와서 한자로 옮긴 말이었어.

한편 최초의 전화기는 역사에 길이 남을 아주 멋진 일을 해냈단다. 바로 백범 김구의 목숨을 구해 냈거든. 그게 무슨 말이냐고?

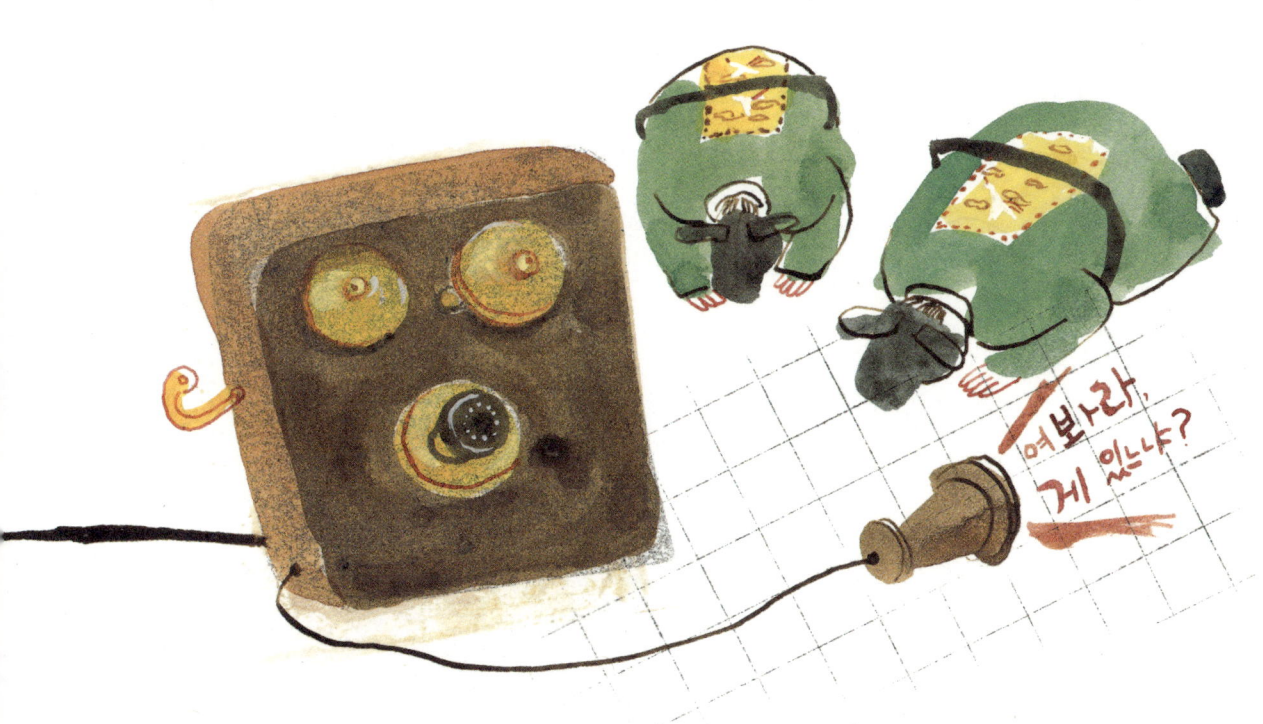

1896년 3월 어느 날, 김구는 황해도 어느 마을의 주막에 들르게 되었어. 그런데 거기서 행동거지가 수상한 사람을 발견했지 뭐니? 김구는 곧바로 일본 사람이라는 걸 눈치채고 사로잡았어. 아니나 다를까, 그는 우리나라 사람으로 변장해서 정보를 수집하던 일본 군인이었단다.

  김구는 울분을 참지 못하고 그의 목숨을 빼앗았어. 그러고는 조선을 넘보는 일본에 대한 경고이자, 명성 황후를 살해한 것에 대한 복수라고 당당하게 주장했단다. 하지만 일본이 우리나라를 쥐고 흔들던 때에 일본 사람을 죽였으니 이미 죽은 목숨이나 마찬가지였지. 결국 김구는 사형을 선고받고 인천 형무소에 갇히는 신세가 되었어. 그 당시에는 사형 선고가 떨어지면 며칠 안으로 집행이 되었단다.

김구의 소식은 멀리 궁궐에 있는 고종 황제의 귀에까지 전해졌어. 고종 황제는 일본 군인을 죽이고도 자기주장을 굽히지 않은 그 청년이 장하고 대견했지. 그래서 "나라와 민족의 운명이 이렇듯 암울한 터에 그런 심지 곧은 청년이 있다는 게 얼마나 큰 위안을 주는지 모르겠구나. 한 사람의 목숨을 빼앗기는 했으나 내 특별히 김구의 죄를 묻지 않고 사면하노라." 하고 명령했어.

하지만 문제가 생겼어. 고종 황제의 명령을 인천까지 전달하려면 몇 날 며칠이 걸릴지 몰랐거든. 그 안에 사형이 집행되면 그걸로 끝장이었지. 그 순간 고종 황제는 서울과 인천 사이에 전화가 개통되었다는 사실을 떠올리고 직접 전화를 걸었다고 해. 결국 전화 덕분에 김구를 살릴 수 있었지.

만약 전화가 없었다면 김구는 사형당해 독립운동을 못했을 것이고, 그렇게 되었다면 우리나라 역사는 다시 씌었을 거야. 《백범 일지》를 보면, 고종 황제가 1896년 윤8월 26일에 전화한 걸로 기록되어 있단다. 전화가 개통된 지 사흘째 되던 날이야. 사흘 차이로 한 사람의 운명과 한 나라의 역사가 뒤바뀔 뻔한 아찔한 순간이었어.

1902년에는 일반인도 쓸 수 있는 전화기를 서울과 인천 사이에 설치했어. 이때 전화기를 사용하겠다고 신청한 사람이 기껏 다섯 명이었대. 출발이 너무 초라하다고 속상해 할 필요는 없어. 시대를 앞서 가는 시도는 늘 이렇듯 자그맣게 시작되는 법이니까.

하지만 민간 전화 사업은 그 꽃을 피우기도 전에 싹이 싹둑 잘려 나갔어. 1905년에 일본이 전화 사업 권리를 빼앗아 버린 거야.

전화 사업권을 빼앗은 일본은 뒤이어 우리나라 여러 도시에 전화를 개통하고, 1924년에는 서울과 중국 사이에도 전화기를 설치했어. 일본이 왜 이렇듯 여러 도시에 전화를 설치했을까? 우리나라와 중국을 침략하고 다스리는 데 전화가 더없이 좋은 도구였기 때문이야.

전화기를 독차지했다는 건 가장 빠르고 정확한 정보를 독점했다는 것과 같은 뜻이야. 그러니 일본을 반대하는 움직임을 미리 파악하고 신속하게 대응할 수 있었지. 독립운동가들이 아무리 재빠르게 움직여도 전화기의 속도를 따라잡을 수는 없어. 결국 전화기는 일본의 침략을 돕는 기계로 전락하고 말았지.

이제 일본이 전화기를 널리, 빠르게 설치한 이유를 알겠지? 이런 현상은 당시에 힘센 나라가 힘이 약한 나라를 침략할 때 똑같이 일어났단다. 전화기뿐만 아니라 도로, 기차, 공장 같은 산업 문명이 침략자의 지배를 돕는 수단으로 이용되었지. 전화 한 통이 김구를 살리기도 하고 많은 독립운동가를 죽이기도 한 것처럼, 정보 통신 기술은 어떻게 쓰느냐가 아주 중요해.

경우가 좀 다르기는 하지만 이것은 오늘날에도 아주 중요한 문제야. 전화기는 정보를 순식간에 송두리째 전달해 버려. 전화로 한번 내뱉은 말은 다시는 되돌릴 수 없어. 그 말이 어디로 흘러가서 어떤 결과를 낼지는 아무도 모르지. 네가 전화기에 대고 무심코 던진 말에 친구가 큰 상처를 받을 수도 있단다.

정보를 실어 나르는 능력이 뛰어날수록 그걸 어떻게, 무엇을 위해 써야 할지를 신중하게 판단해야 해. 훌륭한 과학 기술 문명의 이름에 걸맞게 네 삶을 더욱 멋지고 아름답게 가꾸는 데 쓰였으면 좋겠구나.

# 세계를 하나로 잇는
# 보이지 않는 끈

무선 통신은 인류가 꿈꾸었던 것들을 실현시켜 주었어.
태평양을 항해하는 배와 하늘을 나는 비행기도 안전하게 길을 안내받을 수 있었지.

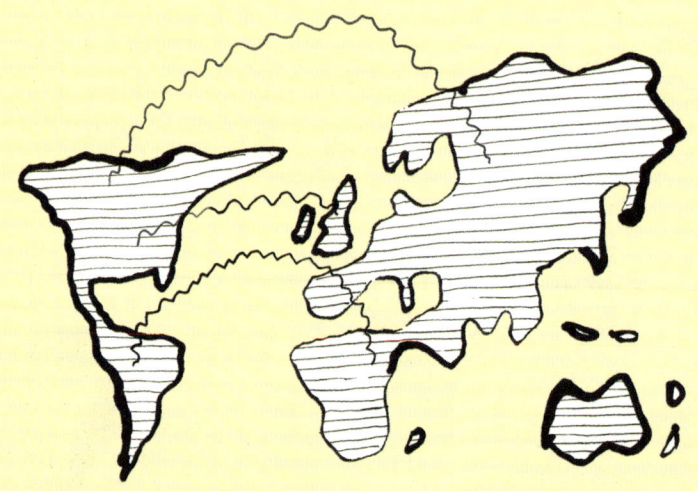

전화는 한 가지 단점이 있었어. 목소리를 전달해 주는 전선이 반드시 필요했지. 산을 넘고 강을 건너 멀리까지 전선을 설치하는 일은 무척 힘들었어. 이런 경우에는 비용이 많이 들뿐더러 아직은 기술력도 부족했지. 게다가 만약 양쪽 사이에 바다라도 놓여 있으면 전선을 연결하는 건 거의 불가능했어. 문제는 또 있어. 어렵사리 설치한 전선이 끊기면 끊긴 부분을 찾아 다시 이어 줘야 했지.

이런 크고 작은 문제를 한꺼번에 해결하는 방법은 무얼까? 아무래도 가장 확실한 방법은 전선을 이용하지 않는 것이겠지. 전선 없이, 빛의 속도를 그대로 유지하면서 정보를 전달하는 방법이라니…… 정말 말도 안 되는, 도저히 불가능해 보이는 일이었어. 하지만 이 허황된 꿈이 놀랍게도 현실로 이루어졌단다.

어떻게 전선 없이 통신이 가능하게 됐을까? 그걸 알아보려면 먼저 영국 물리학자 제임스 맥스웰을 만나 봐야 할 것 같구나.

우리가 사는 공간 속에는 눈에 보이지는 않지만 빛처럼 빠르게 움직이는 전자기파가 있어. 1871년, 맥스웰은 오랜 연구 끝에 전기와 자기가 물결 모양 같은 파동의 형태로 모든 방향으로 퍼져 나간다는 사실을 수학 이론으로 풀어냈어.

과학자들은 맥스웰의 이론을 두고 의견이 갈렸지. 아무래도 맥스웰의 이론이 참이라는 걸 증명하려면 전자기파의 존재를 눈으로 증명하는 수밖에 없었거든. 맥스웰 이론을 따르는 과학자들은 이를 밝히기 위해 실험을 거듭했단다.

독일 물리학자 하인리히 헤르츠도 그 가운데 한 사람이었어. 1888년 어느 날, 헤르츠는 드디어 전자기파를 눈으로 확인하는 방법을 생각해 냈단다. 헤르츠는 놋쇠로 만든 전극 두 개에 높은 전류를 흘려보냈어. 그러고는 동그란 고리 모양의 기구를 가까이에 두었단다. 그러자 고리 모양의 기구 위쪽에 달려 있던 자그마한 전극 사이에서 갑자기 불꽃이 튀었어. 놋쇠로 만든 전극 사이에 전류가 흐르면서 전자기파가 생겨났고, 이 전자기파가 고리 모양의 기구에 가 닿으면서 불꽃이 생겨난 거야.

두 기구 사이에는 전선은 물론이고 아무것도 연결되지 않았으니, 만약 전자기파가 없었다면 아무 일도 생길 수 없는 거지. 그런데 불꽃이 튀었다는 건 전자기파가 생겨나서 스스로 움직였다는 뜻이잖아. 드디어 맥스웰의 전자기파 이론이 확실하게 증명되는 순간이었어.

이 밖에도 헤르츠는 전자기파가 굽이치며 움직이기 때문에 공기가 울린다는 사실을 알아냈어. 이건 아주 중요한 의미를 지니고 있지. 생각해 봐. 우리는 어떤 원리로 말을 주고받을 수 있을까?

네가 말을 하면 공기가 울려 퍼지면서 친구 귀에 전달되지. 마치 호수에 돌을 던지면 파장이 일어나면서 넓게 번지듯이 말이야. 공기의 파장은 친구의 귓속 고막에 닿아 울리고, 친구는 그걸 다시 네 목소리로 바꾸어서 듣게 되는 거란다. 그러니 전자기파도 같은 원리로 소리를 전달할 수 있다는 뜻이잖아.

우리 목소리는 기껏 몇 발자국밖에 이동하지 않아. 그건 공기를 울리는 목소리 입자가 커서 공기의 저항을 받기 때문이야. 하지만 전자기파는 빛과 같은 자그마한 입자이니 끝없이 퍼져 나갈 수 있어. 빠르기는 말할 것도 없고!

드디어 무선 통신의 신세계가 눈앞으로 다가온 거야. 다만 아직 풀지 못한 문제가 하나 남았어. 공중에 흩어져 빛의 빠르기로 움직이는 전자기파를 어떻게 잡아내느냐 하는 문제 말이야.

이탈리아 인 굴리엘모 마르코니는 헤르츠의 연구 결과를 바탕 삼아 전자기파 연구에 온 힘을 쏟았어. 수십 번의 실패 끝에 마르코니는 무선으로 신호를 전달하는 데 성공했단다. 과연 어떤 방법을 썼던 걸까?

전자기파는 전기가 잘 통하는 금속을 이용해서 잡아낼 수 있어. 벼락을 끌어들이는 피뢰침하고 같은 원리지. 이걸 전자기파를 받아들이는 안테나라고 해. 안테나는 그 주변을 떠도는 모든 전자기파 가운데 어떻게 자기가 원하는 전자기파를 골라낼 수 있을까? 전자기파는 저마다 파장의 높낮이와 너비가 달라. 그러니까 어떤 파장을 지니고 있는지 알면 그 전자기파를 찾아낼 수 있지.

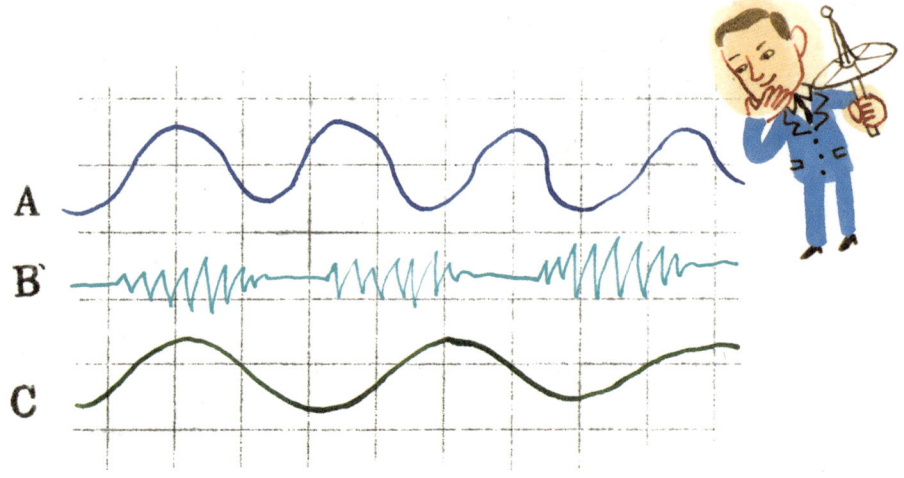

마르코니는 이러한 이론을 바탕으로 더 멀리 신호를 보내는 연구를 시작했단다. 여러 실험을 거치면서 안테나를 더 높은 곳에 달고, 전자기파를 주고받는 기구에 구리선을 달아 땅에 연결시키면 신호를 더 멀리 보낼 수 있다는 사실도 알아냈어. 결국 1.6킬로미터나 떨어진 곳에 무선으로 모스 부호를 보내는 데 성공했지.

하지만 당시 이탈리아에서는 아무도 마르코니의 연구 결과에 관심을 주지 않았어. 마르코니는 1896년에 영국으로 건너갔단다. 거기에서 무선 통신 회사를 차리고 무선 통신 거리를 빠르게 넓혀 갔어. 1897년에 10킬로미터를 훌쩍 넘겼고, 1899년 들어서는 영국과 유럽 대륙 사이의 도버 해협을 훌쩍 뛰어넘었지.

하지만 영국 사람들도 마르코니의 무선 통신에 그다지 큰 관심을 보이지 않았어. 그때까지만 해도 전자기파를 먼 곳에서 잡아내는 데 성공하는 확률이 낮았거든. 또 어찌어찌 전자기파를 잡아냈다 해도 오랫동안 통신을 주고받을 수 없었지.

게다가 당시에는 전화가 이미 크게 발전하고 있었어. 바다 밑으로 여러 대륙을 연결하는 전선이 설치되었고, 전화기를 사용하는 사람도 폭발적으로 늘어나고 있었지.

마르코니의 무선 통신 회사는 큰 위기에 빠졌어. 무선 통신은 역사의 뒤안길로 사라질 위험에 놓였단다. 마르코니는 위기를 이겨 낼 길을 찾아야 했어. 그러자면 무선 통신이 얼마나 빼어난 정보 통신 기술인지 사람들에게 보여 줘야 했지. 깊은 고민 끝에 마르코니는 대서양을 가로질러 영국과 캐나다를 무선 통신으로 연결해 보기로 했단다. 사람들은 그 소식을 듣고 다들 비웃었어. "세상에 3천 킬로미터가 넘는 거리를 무선 통신으로 연결한다고? 말도 안 돼!" 하면서 말이야.

　　그러거나 말거나 마르코니는 대서양 횡단 무선 통신을 차근차근 준비했어. 드디어 약속했던 1901년 12월 12일 정오가 되었지. 하지만 전파 수신기에서는 아무런 소리도 들리지 않았어. 마르코니는 손가락 하나 까딱하지 않고 묵묵히 기다렸단다. 그렇게 무거운 시간이 30분쯤 흘렀을 때였어.

　　문득 수신기에서 "뚜뚜뚜! 틱틱틱!" 하는 소리가 들려왔어. 지극히 짧고 나지막했지만 미국에서 보낸 모스 신호가 틀림없었지. 드디어 대서양을 가로지르는 무선 통신에 성공한 거야.

사실 이 실험은 무모한 도전이었어. 이게 성공한 데에는 비밀이 하나 숨어 있단다. 지구 대기 위쪽에 전자기파를 반사하는 전리층이 있다는 사실 말이야. 만약 전리층이 없었다면 전파는 허공으로 흩어져 버렸을 거야. 물론 마르코니는 전리층의 존재를 까마득히 모르고 있었지.

어쨌거나 이 사건은 사람들 관심을 끌어모으기에 충분했어. 아주 먼 거리에서도 무선 통신이 가능하다는 사실을 확인한 사람들은 그제야 무선 통신의 가치를 깨닫게 되었지. 가장 먼저 바다를 항해하는 배들이 무선 통신 시설을 갖추기 시작했어. 뒤이어 대륙과 대륙 사이의 정보를 주고받는 데에도 무선 통신이 자리를 잡아 갔단다.

무선 통신을 이용하는 사람들이 늘어날수록 마르코니의 회사도 규모가 커졌어. 덕분에 마르코니는 더욱 빠르게 무선 통신 기술을 개발해 나갈 수 있었지.

그즈음에 무선 통신의 발전에 결정적인 역할을 한 또 하나의 발명품이 등장했어. 1904년에 존 플레밍이라는 영국 과학자가 '진공관'을 발명한 거야.

진공관은 무선 통신의 발전에 한 획을 그었어. 전자기파 신호를 마음대로 바꾸고 또 아무리 약한 신호라도 대번에 잡아서 또렷하게 들을 수 있게 되었지. 마르코니가 진공관의 가치를 몰라볼 리 없잖아. 진공관은 곧바로 무선 통신의 핵심 기술로 자리 잡았단다.

덕분에 무선 통신은 대서양은 물론이고 지구 반대편까지 정보를 보낼 수 있게 되었어. 1910년에는 부에노스아이레스와, 1918년에는 오스트레일리아와 무선 통신에 성공했지. 드디어 세계 어디에서도 무선 통신으로 연락이 가능한 시대가 펼쳐진 거야.

그 무렵 무선 통신의 가치를 새삼 일깨워 주는 사건이 일어났어. 아마 너도 한 번쯤 들어 봤을 거야. 타이타닉호 사건 말이야. 타이타닉호는 당시 세계에서 가장 크고, 빠르고, 호화롭고, 어떤 충격에도 침몰하지 않을 만큼 튼튼했단다.

1912년 4월 10일, 타이타닉호는 2천 명이 넘는 사람들을 태우고 영국에서 미국으로 첫 출항에 나섰단다. 그런데 미국으로 가는 가장 빠른 길목은 북극과 가까워서 가끔 빙산이 떠내려 오곤 했어. 불행하게도 타이타닉호는 그 빙산 가운데 하나와 충돌하고 말았지. 타이타닉호는 자연의 거대한 힘 앞에 너무나 쉽게 무너져 내렸어. 타이타닉호에 탄 사람들도 서서히 바닷속으로 가라앉았지.

불행 중 다행히 타이타닉호에는 무선 통신 시설이 있었단다. 4월 15일 0시 15분, 타이타닉호는 급하게 무선 통신으로 구조 신호를 보냈어. 마침 타이타닉호에서 90킬로미터 떨어진 곳을 지나던 여객선이 구조 신호를 받았어. 여객선은 구조 신호가 들려오는 곳으로 급히 뱃머리를 돌렸지. 여객선이 사고 현장에 도착했을 때 타이타닉호는 이미 바닷속으로 가라앉은 뒤였어. 하지만 구명정에 몸을 맡긴 채 떨고 있는 사람들을 발견할 수 있었지. 무선 통신 덕분에 그나마 7백여 명의 목숨을 구할 수 있었단다.

타이타닉호의 비극은 무선 통신의 소중함을 일깨워 주었어. 그 뒤로 무선 통신은 더욱 빠르게 발전하며 널리 퍼졌단다. 태평양을 항해하는 배와 하늘을 나는 비행기도 안전하게 길을 안내받을 수 있었지.

무선 통신은 인류가 꿈꾸었던 것들을 실현시켜 주었어. 무엇보다 전화와 더불어 세계를 하나의 공간과 시간으로 묶어 주었지. 지구 반대편에 외따로 떨어져 있는 사람도 무선 통신만 있으면 바로 곁에 있는 거나 마찬가지니까. 또 세상의 어떤 정보라도 손쉽고 빠르게 받아 볼 수 있잖아. 무선 통신은 사람들을 진정한 의미의 세계인, 지구인으로 살게 해 준 고마운 발명품이란다.

# 우리 시대의 천리안

여덟 번째 마당

# 대중문화를 만든 주인공, 라디오

프랭크 콘래드는 라디오를 일상생활에서 사용할 방법을 찾았어.
바로 음반을 받아 노래를 틀어 주는 음악 방송을 시작한 거야.

1938년 10월 30일, 미국 뉴저지 주에서 엄청난 사건이 터졌단다. 그날은 마침 일요일 저녁이었어. 사람들은 오순도순 모여서 식사를 하거나 휴식을 즐기고 있었지. 그런데 갑자기 라디오에서 놀라운 뉴스가 흘러나왔어.

　"속보를 말씀드리겠습니다. 화성인이 방금 지구를 침공했습니다! 외계인이 지금 뉴저지 주를 공격하고 있습니다. 모든 시민은 신속히 대피하여 주시기 바랍니다!"

　라디오 속 아주 다급하고 겁먹은 목소리는 사람들에게 얼른 피신하라고 했지. 라디오를 듣고 있던 사람들은 깜짝 놀랐어. 다들 어쩔 줄 몰라 허둥지둥했지. 거리는 피신을 나온 차와 사람들로 가득 찼고, 여기저기서 식량을 훔치고 서로 빼앗느라 난리였어. 뉴저지 주는 순식간에 엄청난 혼란에 빠졌단다.

라디오 방송사에는 상황을 묻는 전화가 빗발쳤어. 사람들은 화성인이 어디를 공격하고 있는지, 어디로 피신해야 하는지 물으며 울부짖었지. 당황한 건 오히려 라디오 방송사였어. 사실 화성인이 침공했다는 뉴스는 라디오 드라마 내용 가운데 일부분이었거든. 방송사에서는 화성인이 침공하는 내용의 드라마를 내보내겠다고 미리 광고를 했어. 하지만 그걸 듣지 못한 사람들이 드라마 내용에 놀라 혼란에 빠진 거였지. 결국 이 사건은 라디오 방송사가 거듭 사과 방송을 하면서 한바탕 촌극으로 막을 내렸어.

이 놀라운 드라마를 생각해 낸 오손 웰스는 그 능력을 인정받아 영화감독이 되었단다. 그리고 훗날 영화 역사에 길이 남을 훌륭한 영화를 만들었어. 또 다른 나라에서는 오손 웰스를 흉내 낸 라디오 드라마를 내보냈다가 온 국민이 피난길에 오르는 혼란에 빠지기도 했지.

이 웃지 못할 사건에서 알 수 있듯이, 1930년대에는 라디오의 영향력이 엄청났어. 가장 많은 사람에게 가장 빠르게 정보를 전달하는 매체였지. 또 라디오는 특성상 음악과 잘 어울렸단다. 라디오가 나오기 전에 사람들이 음악을 들으려면 공연장을 찾아가거나, 값비싼 전축과 음반을 사야 했지. 그러니 음악은 가난한 사람들에게는 그저 먼 나라 이야기였어.

그런데 라디오가 생겨나면서 사정이 달라졌지. 라디오에서는 쉴 새 없이 음악이 흘러나왔어. 이제 거리마다 집집마다 음악이 넘쳐났지. 라디오가 생기면서 비로소 진정한 의미의 대중음악이 싹트게 된 거야. 대중음악은 사회 분위기에 큰 활기를 불어넣었단다. 사람들은 대중음악의 신나는 리듬과 가사에 맞춰 한결 밝고 가볍게 생활했어. 행복한 삶을 소중히 여기고 스스로 그 즐거움을 찾아 맛보게 된 거야. 요즘 우리 주변을 둘러싼 대중문화가 바로 라디오에서 시작되었다고 해도 틀린 말이 아니지.

라디오는 간단하게 말하면 무선 통신과 마이크로폰, 이 두 가지 발명품이 합쳐진 거야. 전파를 실어 나르는 무선 통신은 이미 마르코니가 발명한 뒤였어. 마이크로폰은 우리가 흔히 마이크라고 부르는 물건이야. 목소리를 전기 신호로, 또 전기 신호를 목소리로 바꾸어 주지. 이 기술은 1906년에 미국의 드 포리스트가 삼극 진공관을 발명하면서 해결되었어.

　그러고 나서도 전파에 목소리를 담아 생생하게 들을 수 있게 되기까지는 아직 넘어야 할 산이 많았어. 아직은 전파를 보내고 받는 기술도, 그 전파에 실려 오는 목소리를 되살리는 기술도 어설펐지. 그 밖에도 라디오를 만드는 데는 해결해야 할 문제가 아주 많았어. 전화기와 무선 통신 기술에 견주어 라디오는 훨씬 까다롭고 힘들었지. 어쩌면 아주 오랜 시간이 걸릴지도 몰랐단다.

　그런데 이 모든 문제를 빠르게 해결해 준 사건이 일어났어. 바로 제1차 세계 대전이 터진 거야.

　사람들은 제1차 세계 대전을 정보 통신 전쟁으로 일컫곤 해. 현대화된 군대는 상대방을 단번에 무너뜨릴 무기가 준비되어 있었어. 그러니 상대편이 어디 있는지 먼저 알아낸다면 싸움의 승패는 이미 결정된 거나 마찬가지였지. 양쪽 군대는 자기편 군대를 상대방에게 들키지 않게 빠르게 이동하고, 상대편 군대의 움직임을 알아내는 데 안간힘을 쏟았어. 이때 큰 역할을 한 게 바로 빛의 속도로 정보를 실어 나르고, 또 흔적을 남기지 않는 무선 통신이었단다.

　세계 여러 나라는 전자기파를 정확하고 또렷하게 보내는 기술을 개발하는 데 온 힘을 기울였어. 이 틈을 노린 무선 통신 기업들은 큰돈을 벌어들였고, 그 돈으로 라디오 기술을 개발했단다. 실제로 라디오 기술이 전쟁에 쓰이기도 했어.

　그런데 전쟁이 끝난 뒤로 라디오는 그다지 쓸모없는 물건이 되었어. 그만큼 정보를 급하게 전달해야 할 필요도 없었고, 또 당시에는 라디오를 지니고 있던 사람들도 별로 없었으니까. 라디오는 한동안 아무 소리도 나지 않는 벙어리 기계일 뿐이었지.

미국의 웨스팅하우스도 전쟁의 틈바구니에서 무선 통신 사업으로 큰돈을 번 기업이었어. 물론 웨스팅하우스도 라디오 만드는 기술을 지니고 있었지. 하지만 전쟁이 끝나고 난 뒤에는 회사 문을 닫아야 할 형편이었어. 웨스팅하우스 회사를 다니던 프랭크 콘래드는 라디오를 일상생활에서 사용할 방법을 고민했단다.

그러던 어느 날, 콘래드는 거리의 한 음반 가게를 지나다가 문득 멋진 생각을 떠올렸어. 콘래드는 곧바로 가게 문을 열고 들어갔지. 그러고는 가게 이름을 광고해 주는 조건으로 음반을 받아서 음악을 틀어 준 거야.

콘래드의 생각은 멋지게 들어맞았단다. 라디오에서 음악이 흘러나오자 사람들이 삼삼오오 라디오 둘레로 모여들었어. 그러고는 음악에 맞춰 흥겹게 콧노래를 흥얼거리고 몸을 흔들었지. 콘래드의 음악 방송은 큰 인기를 끌었어. 덕분에 음반 가게도 널리 이름을 알렸고 말이야.

콘래드의 음악 방송에 힘을 얻은 웨스팅하우스사는 1920년에 최초로 라디오 방송국을 세웠어. 첫 방송으로 미국 대통령 선거 결과를 내보냈지. 라디오로 그 결과를 들은 사람은 기껏 1천 명도 되지 않아. 아직 라디오가 널리 퍼져 있지 않았으니까. 하지만 라디오의 빠르고 정확한 정보력은 삽시간에 소문이 났고, 사람들은 저마다 라디오를 사서 집에 들여놓기 시작했어. 라디오를 찾는 사람들이 많아질수록 라디오 값은 더 내려갔고, 나중에는 서민들도 어렵지 않게 살 수 있었지.

텔레비전이 등장하기 전까지 라디오는 가장 훌륭한 정보 통신 수단이 되어 주었단다. 아, 텔레비전이 나왔다고 라디오가 아예 자리를 잃은 건 아니었어. 라디오는 텔레비전과는 다른 특성을 지니고 있어. 바로 귀로 듣고 상상하게 하는 힘 말이야. 음악으로 대표되는 라디오 방송은 여전히 사람들의 친근한 벗으로 자리 잡고 있지.

# 상자 속에 온 세상이 들어 있네!

텔레비전은 세상 모든 벽을 허물었어.
지리나 인종의 차이를 넘어 공동의 경험을 갖게 해 주었지.

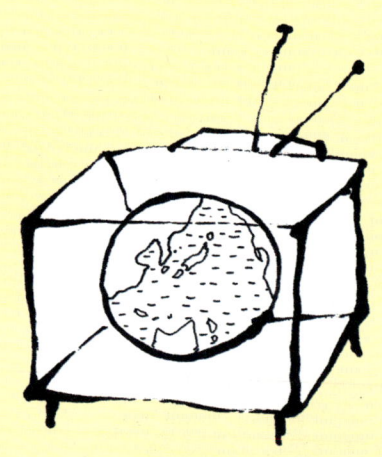

앞서 들려준 천리안 이야기 기억하니? 제자리에 앉아서 천리 밖을 본다는 보물 말이야. 물론 동화 속에서나 있을 법한 물건이지. 그런데 그런 꿈 같은 정보 통신 수단이 실제로 생겨났어. 텔레비전이 바로 천리안이지 뭐야. 방에 앉아서 온 세계를 샅샅이 볼 수 있잖아. 텔레비전television이라는 말도 '멀리'라는 뜻의 그리스어 '텔레tele'와 '본다'는 뜻의 라틴 어 '비데레videre'가 합쳐진 거란다. 우리말로 옮기면 '멀리 본다'가 되지.

오늘날 텔레비전 없는 생활은 생각할 수도 없어. 이 시대의 천리안인 텔레비전은 우리에게 어떤 정보를 보여 주고 있을까?

무선 통신이 성공한 뒤, 사람들은 소리뿐만 아니라 형체까지 전달하는 정보 통신 수단을 꿈꾸었어. 소리를 전파에 실어 날랐으니 형체를 전달하지 못할 것도 없지 뭐. 하지만 텔레비전을 만드는 기술은 생각처럼 쉽지 않았어.

텔레비전에는 아주 재미난 속임수가 하나 숨어 있단다. 너도 아마 만화 영화 만드는 방법을 알 거야. 먼저 연속으로 이어지는 그림을 한 장 한 장 그린 다음에 그걸 차례로 빠르게 넘기면 마치 움직이는 것처럼 보이지. 낱장의 그림은 가만있는데, 이걸 이어서 보여 주면 왜 움직이는 것처럼 보일까? 눈으로 사물을 본 뒤 뇌에 정보를 전해 주면, 사물의 모습이 뇌에서 0.03초 정도 머무른다고 해. 이 짧은 시간보다 빠르게 여러 사물을 보여 주면 앞선 사물과 뒤이은 사물이 겹치겠지? 이걸 바로 '잔상 효과'라고 해. 말하자면 텔레비전은 빠르게 신호를 전달해서 잔상 효과로 사람들 눈을 속이는 기술이란다.

독일, 영국, 프랑스, 러시아, 그리고 미국의 내로라하는 전신 기업들, 그리고 수많은 과학자가 모두 텔레비전을 발명하기 위해 온갖 노력을 기울였어. 그들은 때로는 경쟁을 벌이고 또 때로는 도움을 주면서 앞서거니 뒤서거니 꿈의 정보 통신 수단을 개발해 갔지. 그러니 텔레비전을 딱 꼬집어서 누가, 언제 발명했다고 말하기도 힘들어. 텔레비전은 그동안 인류가 이뤄 온 과학 기술의 결정체라고 보는 게 맞아.

먼저 텔레비전 발명의 가능성을 보여 준 선구자들을 잠깐 알아볼까? 물론 전화기와 무선 통신을 발명한 이들을 빼놓을 수 없지. 독일 발명가인 니프코브는 이를 바탕으로 1884년, 전기 신호를 움직이는 영상으로 바꾸는 장치를 발명했어.

또 영국인 존 베어드는 지금과 비슷한 텔레비전 장치를 만들어 냈단다. 1926년에 베어드가 만든 텔레비전은 사람들이 지켜보는 가운데 첫선을 보였어. 그 뒤로 새로운 텔레비전 모델을 개발해 1929년부터 1935년까지 시험 방송을 했지. 베어드의 텔레비전은 영국에서 4천 대 정도가 팔려 나갔다고 해.

그즈음 텔레비전의 발명을 크게 앞당긴 사건이 일어났어. 바로 제2차 세계 대전이야. 제2차 세계 대전도 정보 전쟁이었어. 전자파를 쏘아서 상대편의 비행기나 잠수함의 위치를 알아내는 레이더 기술도 이때 생겨났거든. 전쟁이 끝난 뒤, 정보 통신 기술은 고스란히 텔레비전 개발에 사용되었어. 레이더 신호를 주고받는 데 쓰이던 안테나는 그대로 텔레비전 안테나로 쓰였지.

덕분에 커다란 고민거리를 해결한 텔레비전은 드디어 오늘날의 모습을 갖추었고, 날개 돋친 듯 팔려 나갔단다. 작은 상자 안에서 사람들이 움직이는 마술 같은 일이 벌어졌는데 왜 안 그랬겠니? 세계는 그야말로 텔레비전의 바다에 풍덩 빠졌지.

텔레비전은 우리 생활을 엄청나게 변화시켰어. 세상 모든 벽을 허물고 지역과 인종의 차이를 넘어 정보를 공유하게 해 주었지. 온 세상을 볼 수 있다는 건 그만큼 많은 지식과 정보를 쌓을 수 있다는 말이야. 텔레비전은 사람들의 눈을 트이게 하고 의식 수준을 한껏 끌어올렸단다.

텔레비전이 꼭 좋은 영향만 끼친 건 아니야. 텔레비전이 놓이면서 사람들은 방 안에 틀어박혀 멍하니 화면만 보는 시간이 많아졌어. 밖에서 뛰어놀고, 서로 이야기 나누고, 책 읽는 시간이 줄어들어 버린 거지.

이뿐만이 아니야. "텔레비전은 우리의 현실을 보여 주는 것이 아니라, 텔레비전이 바로 그 현실이다."라고 말한 학자도 있단다. 무슨 말인지 잘 모르겠다고? 텔레비전에서 새로운 과자를 광고하면, 너는 "어, 엄마! 나 저거 먹고 싶어." 할걸. 전에는 없던 새로운 욕심이 텔레비전 때문에 생긴 거잖아. 또 텔레비전에 나오는 유명한 가수나 배우가 입는 옷과 말투를 그대로 흉내 내기도 해. 텔레비전이 만든 '현실'을 그대로 따라 하는 거지. 그럼 우리가 텔레비전의 노예가 되는 거네?

소중한 보물이기는 한데 마음대로 다루기 힘든 이 애물단지를 어떻게 해야 할까? 넋을 놓고 마음을 빼앗길 수만은 없잖아. 그렇다고 인류가 쌓아 온 노력과 땀이 깃든 천리안을 함부로 내칠 수도 없지.

나는 텔레비전이 머지않아 우리한테 말을 걸어올 거라고 생각해. 그게 무슨 말이냐고? 지금까지 텔레비전은 우리에게 일방적으로 보여 주기만 했잖아. 생각하지도, 움직이지도 못하니 바보가 되는 수밖에. 하지만 앞으로는 서로 이야기를 나누면서 네게 필요한 걸 보여 주는 텔레비전이 될 거라는 뜻이야.

나는 가끔 인터넷에서 네 또래 친구들이 만든 동영상을 보다가 깜짝 놀란단다. '어쩜 이렇게 멋지고 기발한 생각을 했을까!' 하고 말이야. 네 또래 친구들이 왜 동영상을 만들어서 인터넷에 올리겠니? 텔레비전 방송이 너희들 마음을 다 헤아리지 못하기 때문이지. 그걸 눈치챈 어떤 텔레비전 프로그램은 시청자들이 직접 만든 동영상을 소개하기도 하더구나.

그래, 이렇게 네 힘으로 서서히 텔레비전을 바꿔 가면 돼. 네가 바라는 세상을 보여 줄 수 있도록 자꾸 자극을 주고 말을 거는 거지. 텔레비전이 우리 시대의 진정한 천리안이 될 수 있도록 말이야.

아홉 번째 마당

# 세계를 둘러싼 정보 거미줄

# 모든 개인이 정보의 주인으로

컴퓨터가 등장하면서 비로소 개인이 정보를 만드는 주체가 되었어.
그리고 개인의 정보가 모여 사회의 정보를 이루었지.

오늘날 컴퓨터는 생활필수품이 되었어. 집집마다 컴퓨터가 있고, 누구나 컴퓨터를 사용하지. 이제 컴퓨터는 우리와 너무 가까워서 그 특별함과 고마움을 잊어버리곤 해. 마치 늘 숨 쉬고 살면서도 공기의 고마움을 잊듯이 말이야.

이 세상 모든 컴퓨터가 한순간이라도 멈춘다면 어떤 일이 벌어질지 생각해 봐. 공장 기계가 멈추고, 거리는 교통지옥으로 바뀌고, 배와 비행기가 방향을 잃고, 전기도 끊겨서 세상이 온통 깜깜해질걸. 그뿐이겠니? 세계의 모든 정치와 경제가 혼란에 빠져 헤어나지 못할 거야. 제어 능력을 잃은 무시무시한 무기가 한꺼번에 폭발할지도 몰라.

이렇듯 컴퓨터는 우리 사회를 지탱해 주는 뿌리가 되었단다.

컴퓨터는 언제 생겨났을까? 컴퓨터라는 말은 '계산하는 기계'라는 뜻이야. 계산하는 기계의 기원은 4천여 년 전 고대 이집트에서 출발한단다. 이집트 사람들은 '아바커스'라는 도구를 써서 셈을 했어. 또 3세기쯤에는 중국에서 주판이 발명되었지. 하지만 아바커스나 주판을 기계로 보기에는 무리가 있어. 어디까지나 사람이 머리로 셈을 하면서 그 결과를 표시하는 도구였으니까. 사람의 머리를 쓰지 않고 자동으로 계산하는 기계를 만든 것은 그로부터 한참 뒤 일이지.

1642년에 파스칼은 세금 걷는 일을 하던 아버지를 돕기 위해 덧셈과 뺄셈을 할 수 있는 계산기를 만들었어. 그가 만든 계산 장치는 톱니바퀴로 연결된, 숫자가 적힌 몇 개의 회전 바퀴를 이용한 것이었지.

그 뒤 1671년에 독일의 수학자 라이프니츠는 "뛰어난 인재들이 단순한 계산에 시달리면서 시간을 낭비하는 것은 아무런 가치도 없다."라며 덧셈과 뺄셈은 물론이고 곱셈과 나눗셈을 할 수 있는 최초의 계산기를 만들었단다.

19세기 초에는 영국의 수학자 찰스 배비지가 오늘날의 컴퓨터처럼 모든 자료를 기억하고 기록하며 수학적인 계산까지 자동으로 처리해 주는 기계를 생각해 냈어. 하지만 당시의 기술로는 배비지가 설계한 기계를 만들 수 없었기 때문에 배비지는 자신의 생각을 완성된 물건으로 내놓지 못했지.

세계가 공식적으로 인정하는 진짜 컴퓨터의 생일은 1946년 2월 14일이야. 이날 미국 펜실베이니아 대학에서 현대 문명을 주도할 놀라운 괴물 하나가 태어났단다. 이 녀석은 1.5킬로그램짜리 진공관을 자그마치 1만 8천여 개나 연결한 것으로, 무게가 30톤이 넘었어. 이름은 '전기의 힘으로 수를 계산하는 기계'라는 뜻의 '에니악'이었지.

에니악은 커다란 건물의 한 층을 가득 채울 만큼 덩치가 컸어. 또 어찌나 전력을 많이 먹는 대식가였던지, 한번 켜면 필라델피아 시내의 가로등이 껌벅거릴 정도였단다.

그래도 다행히 덩칫값은 했지. 에니악은 덧셈과 뺄셈을 1초에 5천 개나 처리하는 실력을 보여 주어서, 신문들마다 '거인 두뇌'라고 찬사를 보냈단다. 사실 에니악은 군사 무기였어. 제2차 세계 대전이 한창일 때 미국은 미사일이 날아가는 궤도를 계산하기 위해 에니악을 만들었지. 에니악은 그 역할을 제법 훌륭하게 해냈단다. 에니악은 미국의 모든 수학자가 꼬박 한 달을 걸려 계산할 양을 단 몇 시간 만에 풀어냈어. 에니악이 계산한 수치에 따라 미사일을 쏘아 올리면 틀리는 법이 없었지.

하지만 에니악은 크고 작은 문제를 지니고 있었어. 먼저 새로운 계산을 하려면 부품을 새로이 배치해서 연결해야 했지. 정말이지 손이 많이 가는 컴퓨터였어. 또 에니악은 수많은 부품 가운데 하나라도 문제가 생기면 계산을 멈춰 버렸단다. 수많은 과학자가 들러붙어 에니악을 돌보느라 골머리를 앓았지. 물론 에니악을 고치고 가동하는 데 드는 비용도 만만치 않았어.

이듬해인 1947년에 미국의 벨 연구소에서 트랜지스터를 발명했어. 트랜지스터는 전류의 흐름을 조절하는 장치를 말해. 그래, 진공관이 맡았던 역할을 대신할 새로운 발명품이 나타난 거야. 트랜지스터는 크기가 진공관의 2백 분의 1밖에 안 되었고 작동 속도는 몇 배가 빨랐어. 전력 소모도 훨씬 적었지. 그야말로 골리앗을 이긴 다윗 같은 작은 거인이 태어난 거야.

이에 힘입어 1949년에 영국 케임브리지 대학에서 정보를 저장, 기억할 수 있는 컴퓨터 '에드삭'을 개발했어. 또 1951년에는 상업용 컴퓨터 '유니박'이 탄생했단다. 이 상업용 컴퓨터는 일반 회사에서 쓰기에는 너무 비쌌어. 또 컴퓨터를 다룰 수 있는 사람도 드물었지. 그래서 정부 기관이나 연구소에서 주로 사용했단다.

이처럼 컴퓨터는 하루가 다르게 발전했고 사람들도 서서히 그 놀라운 가치를 깨닫게 되었어.

1950~60년대에 걸쳐 컴퓨터는 엄청난 변화를 겪었어. 덩치는 자그마한 옷장만 하게 줄었고, 저장 용량은 어지간한 회사의 문서를 거뜬히 담을 만큼 커졌지. 또 계산 속도도 수십만 분의 1초로 빨라졌고, 전화선을 이용해서 컴퓨터 데이터를 주고받는 기술도 개발되었어. 무엇보다 일반 사람들도 컴퓨터를 켜서 작동할 수 있게끔 조작이 간편해졌단다.

컴퓨터가 생기기 전, 어지간히 큰 회사에서는 상품이 거래되는 내용을 기록하고 계산하는 사람만 수십 명을 헤아렸지. 계산이 틀리기라도 하는 날에는 끔찍한 일을 되풀이해야 했어. 하지만 컴퓨터가 이 문제를 말끔히 해결해 주었단다. 그러면서 개인 회사들도 하나둘 컴퓨터를 들여놓기 시작했지. 컴퓨터는 회사의 일감을 크게 줄여 주었어.

1970년대 들어 컴퓨터는 또 한 번 도약을 눈앞에 두고 있었어. 바로 진정한 의미의 컴퓨터 세상을 열 개인용 컴퓨터가 등장한 거야.

1976년 어느 날, 컴퓨터 전문점에 한 청년이 문을 열고 들어왔어. 청년은 여러 부품을 조립한 기계를 끙끙대며 들고 있었지. 가게 주인이 무엇이냐고 묻자 청년은 "제가 만든 컴퓨터예요. 이걸 사람들한테 팔아 보면 어떨까 해서요." 하고는 가게 주인이 보는 앞에서 컴퓨터를 켜서 작동해 보였지.

　청년의 이름은 스티브 잡스였어. 스티브 잡스는 당시 이렇다 할 직업도 없었어. 고등학교를 졸업하고 몇몇 회사를 다녀 보았지만 마음에 들지 않아 그만둔 상태였지. 스티브 잡스가 잠깐 머물던 회사 가운데는 이름난 컴퓨터 회사도 있었어. 그곳에서 처음 컴퓨터를 알게 되었거든. 회사를 그만둔 뒤에도 스티브 잡스는 컴퓨터에 대한 관심을 놓지 않았단다.

　스티브 잡스는 컴퓨터를 손수 다뤄 보고 싶었지만, 당시까지만 해도 컴퓨터는 개인이 사기에 무리였어. 덩치도 크고 가격도 만만치 않았거든. 스티브 잡스는 비슷한 불만을 지닌 사람들과 손수 컴퓨터 만드는 모임을 만들었단다. 그러고는 개인이 자유롭게 사용할 수 있는 작고 값싼 컴퓨터를 만들게 된 거야.

가게 주인은 깜짝 놀랐어. 지금껏 그처럼 작은 컴퓨터가 있다는 소리는 전혀 듣지 못했거든. 가게 주인은 컴퓨터를 더 많이 만들어 오게 했어. 며칠 뒤부터 나무 상자에 담긴 조그마한 컴퓨터들이 그 가게 진열대에 놓이게 되었지. 컴퓨터 이름은 '애플apple', 사과라는 뜻이야. 왜 애플이냐고? 스티브 잡스는 "사과를 먹다가 문득 그런 이름을 붙이고 싶어서……."라고 장난스럽게 대답했대.

애플은 그야말로 엄청난 성공을 거두었어. 사람들은 애플을 사기 위해 줄을 이었고, 물건이 없으면 미리 예약까지 할 지경이었지. 덕분에 스티브 잡스는 미국에서 가장 큰 컴퓨터 회사를 차리게 되었단다.

그 뒤로도 개인용 컴퓨터는 발전을 거듭해서 오늘날과 같은 모습을 갖추게 되었어. 컴퓨터가 등장하면서 비로소 개인이 정보를 만드는 주체가 되었고, 개인의 정보가 모여 사회의 정보를 이루었지. 컴퓨터가 등장하면서 우리는 그야말로 정보의 바다를 힘차게 항해하게 되었단다.

# 우리는 디지털 시대의 유목민!

인터넷은 유목민이 살아가는 모습과 아주 닮았어.
한곳에 머무르지 않고 늘 자유롭게 움직이잖아.

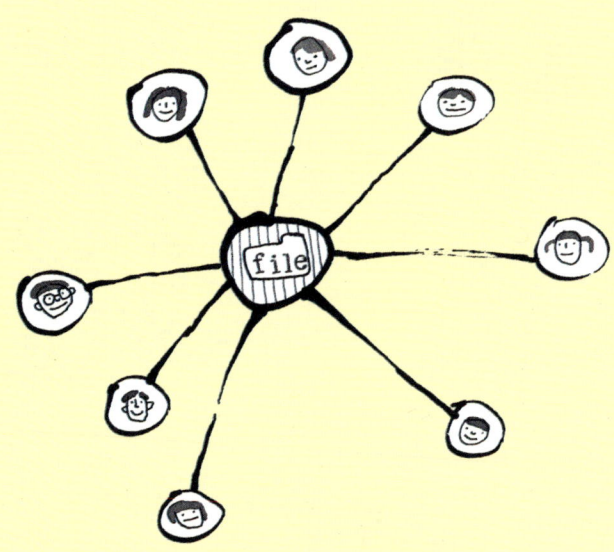

컴퓨터에 날개를 달아 준 게 바로 컴퓨터 통신 기술, 곧 인터넷이야. 인터넷이 등장하면서 컴퓨터는 정보를 저장하고 정리하는 데서 한 발 더 나아가 정보를 빠르게 주고받는 역할까지 맡게 되었어. 인터넷은 라디오나 텔레비전과 똑같은 역할을 하는 것 같지만, 사실은 좀 다른 데가 있어. 라디오와 텔레비전이 규모가 큰 방송국에서 정보를 만들어서 개인에게 전달한다면, 컴퓨터는 개인이 저마다 필요한 정보를 만들어서 주고받잖아. 정보가 한쪽으로만 흐르지 않고 양쪽으로 흐르는 거지. 여기에 인터넷의 독특한 매력과 가치가 있단다.

인터넷은 1969년에 미국에서 처음 생겨났어. 미국 국방성은 전쟁의 위험으로부터 중요한 정보를 안전하게 보호하는 방법을 생각해 냈지. 여러 컴퓨터를 연결하는 통신망을 갖추어 서로 정보를 공유하고 있으면 어느 컴퓨터 한 대가 망가진다고 해도 다른 컴퓨터에 똑같은 정보가 남아 있잖아. 그래서 컴퓨터 정보를 전선에 실어 보내는 기술을 개발한 거야. 이게 발달해서 1990년대 초부터는 드디어 일반 기업과 개인까지 인터넷을 쓸 수 있게 되었단다.

맨 처음 인터넷은 전화선을 이용해서 정보를 주고받았어. 요즘에도 전화선을 이용해서 인터넷을 이용하는 사람이 적지 않아. 하지만 전화선은 컴퓨터 정보를 전달하는 데 아무래도 느려. 그래서 컴퓨터의 디지털 신호만을 따로 전달하는 광케이블이 깔리게 되었지. 덕분에 오늘날에는 마우스를 클릭하는 순간, 화면이 획획 바뀌더구나.

우리나라는 인터넷 문화가 세계에서 가장 발달했단다. 동네마다 피시방이 들어서 있고 집집마다 인터넷 전용선이 깔린 나라는 우리나라밖에 없어. 그 어떤 선진국도 우리처럼 인터넷이 거미줄처럼 연결되어 있지는 않지. 우리나라는 왜 인터넷에 이처럼 열광하는 걸까?

지난 1997년, 우리나라는 커다란 위기에 빠졌단다. 너무 무리하게 경제 규모를 키우느라 다른 나라에서 빌린 돈을 갚지 못하는 지경에 이른 거야. 우리 경제가 위험하다는 소식이 들리자 외국 기업과 자본이 썰물처럼 빠져나갔어. 우리 경제의 대들보 역할을 하던 커다란 기업들이 문을 닫았고 중소기업도 잇달아 부도를 맞게 되었지. 수많은 사람이 하루아침에 직장을 잃고 거리로 내몰렸어.

결국 우리나라는 국제통화기금(아이엠에프IMF)에 손을 벌려야 했단다. 악몽과도 같은 'IMF 시대'가 시작된 거야. 온 국민이 허리띠를 졸라매고 힘겨운 시간을 버텨야 했지.

우리나라는 어떻게든 예전의 경제 수준을 되찾기 위해 안간힘을 썼어. 하지만 생각처럼 쉽지 않았단다. 너도 알다시피 우리나라는 이렇다 할 천연자원이 없잖아. 그러니 맨바닥에서 뭔가 새롭게 시작해 볼 만한 게 없었지.

이때 돌파구를 마련해 준 게 바로 인터넷 관련 사업이었단다. 인터넷 산업은 우리 경제 조건에 딱 들어맞았어. 천연자원이나 값비싼 재료가 필요한 것도 아니고, 오직 사람의 지식과 아이디어만 있으면 되었거든. 과거에도 부족한 천연자원을 메워 준 건 바로 한 사람 한 사람이 지닌 능력과 지혜였잖아.

거리에 내몰렸던 사람들은 다시 힘을 내어 우리나라를 인터넷 강국으로 만드는 일에 뛰어들었어. 비록 허름한 사무실에 삼삼오오 모여서 시작했지만, 세계 최고의 인터넷 프로그램을 개발하겠다는 의욕이 대단했지. 인터넷에서는 그게 결코 헛된 꿈이 아니었어. 개인이 전 세계 사람들에게 자기 정보를 자유롭게 보여 줄 수 있었으니까.

결국 우리나라는 빠르게 인터넷 강국으로 도약했어. 세계 최고의 반도체 기술을 선보였고, 멋진 아이디어로 사람들 시선을 잡아 끄는 인터넷 기업이 생겨났단다.

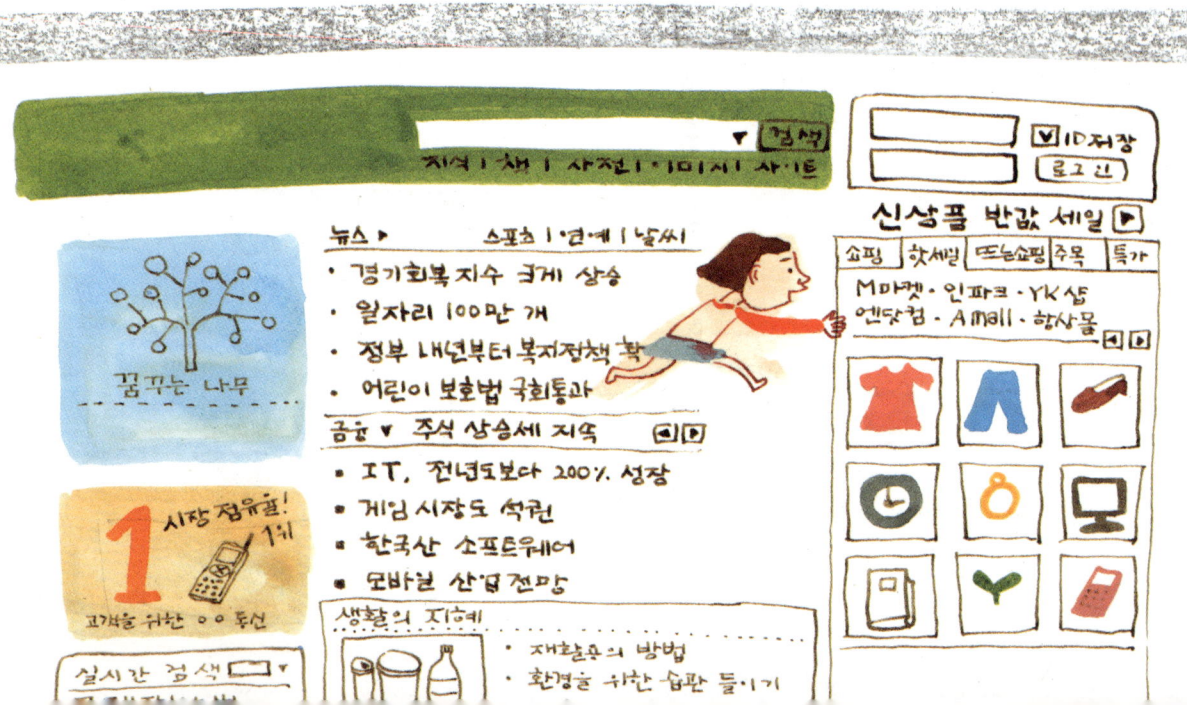

인터넷 사업이 크게 성장하면서 다른 분야의 사업들도 힘을 얻었어. 결국 우리나라는 2000년에 국제통화기금의 영향에서 벗어날 수 있었지. 하지만 이것으로 우리나라 사람들이 인터넷에 열광하는 까닭을 다 설명하지는 못해. 아무리 인터넷이 발달했다고 해도 사람들이 별로 흥미를 갖지 않으면 그만이잖아. 우리나라 사람들은 왜 집집마다 광케이블까지 깔아 놓고 인터넷을 밥 먹듯 즐겨 하는 걸까?

나는 오래전부터 내려온 우리 민족성 때문이라고 생각해. 우리는 저 먼 옛날 말을 타고 드넓은 초원을 달리던 유목 민족이었어. 한곳에 머무르지 않고 늘 이리저리 움직여 다녔지. 그러다가 유목민 가운데 한 무리가 새로운 생활 터전을 찾아 한반도로 내려왔어. 그게 바로 한민족이야.

한민족은 수천 년 동안 농사를 지으며 한곳에 정착했어. 농경 민족으로 삶의 방식을 바꾼 거지. 그래서 오늘날 우리는 유목 민족과 아주 다른 생활 모습을 띠고 있어. 하지만 우리 몸 저 깊은 곳에는 여전히 유목 민족의 피가 흐르고 있단다. 마치 우리가 아이 적에 지니고 있던 몽고점처럼 말이야.

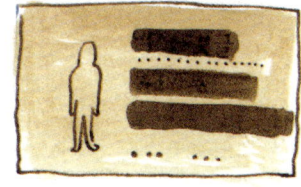

생각해 봐. 인터넷은 유목민이 살아가는 모습과 아주 닮았어. 알고 싶은 정보를 찾아 늘 자유롭게 움직이잖아. 우리 몸속에 숨어 있던 유목민의 피가 인터넷을 만나 화려하게 다시금 꽃피우고 있는 거야. 여기에 바로 우리나라가 인터넷 강국으로 거듭난 비밀이 숨어 있는 거란다.

물론 새로운 유목민의 삶은 과거와 전혀 달라. 과거의 유목민은 험난한 자연환경에 맞서 먹고살기 위해 어쩔 수 없이 움직여야 했어. 하지만 인터넷 유목민은 정보를 주고받기 위해 끊임없이 움직이지.

유목민의 삶은 생각처럼 쉽지 않아. 자칫 방향을 잃고 헤매거나 같은 자리를 빙빙 맴돌 수도 있어. 오늘 네가 어떤 사이트에 들어갔는지, 어떤 정보를 검색했는지 한번 생각해 봐. 그저 인터넷 게임만 하거나 친구들과 채팅만 하다가 시간을 낭비하지는 않았니? 그렇게 한곳에 머무르지 말고 더 넓은 정보의 바다를 자유롭게 항해해 봐. 우리 시대의 새로운 유목민답게!

뒷마당

## 지구촌의 봉화대

이제까지 통신 수단이 어떻게 발달했는지, 또 정보가 어떻게 전달되고 발달했는지 알아보았어. 이제 정보의 역사를 조금 알 것 같니? 본문 내용에 하나 더 덧붙이자면, 나는 정보의 역사를 크게 종이의 시대와 전자기의 시대로 나누고 싶구나.

종이의 시대에 사람들은 종이에 글을 남기고 또 읽으면서 비로소 지식을 쌓을 수 있었어. 종이가 발명되고 전파되는 길을 따라 문명이 발달했다는 사실은 두고두고 되새겨 볼 만한 점이야. 그리고 인쇄 기술의 발명도 정보의 역사에서 빠뜨릴 수 없지. 인쇄 기술이 발달하면서 비로소 사람들은 글을 깨우치고 지식을 나누게 되었으니까 말이야. 그런 의미에서 우리나라가 금속 인쇄 기술을 세계 최초로 발명한 점은 자부심을 가질 만해.

종이와 인쇄 기술은 지금까지도 우리에게 커다란 영향을 끼치고 있어. 따라서 종이로 인쇄한 책과 신문을 읽는다는 건 수천 년 인류가 쌓아 온 온갖 정보와 지식이 고스란히 우리 안에 쌓여 간다는 뜻이지. 물론 우리 안에 쌓은 지식을 미래의 인류에게 전달할 때도 종이와 인쇄 기술의 힘을 빌릴 게 틀림없어. 그러니 종이의 시대가 지닌 힘을 소홀히 여겨서는 안 된단다.

종이의 시대가 수천 년 동안 이루어진 데 견주어 전자기의 시대는 불과 1백여 년밖에 되지 않았어. 하지만 그 짧은 기간에 전자기는 종이보다 훨씬 많은 정보를 만들고 퍼트렸지. 전화, 라디오, 텔레비전, 인터넷은 인류가 쌓아 온 천년의 정보를 빛의 속도로 퍼트리고 있어.

게다가 전자기의 시대에는 한 사람 한 사람이 스스로 정보를 만들어 낼 수 있게 되었단다. 사실 종이의 시대에는 정보를 만드는 사람은 일정하게 정해져 있었고, 일반 사람들은 그 정보를 나누는 수준에 머물렀거든. 이제 너와 나, 우리 모두가 정보를 생산하고 소비하는 주체가 된 거야. 말하자면 우리는 저마다 천리 밖을 내다보는 천리안을 지니게 된 셈이지.

자, 이 천리안으로 무엇을 볼래? 또 천리안을 지닌 다른 사람들에게 넌 무엇을 보여 줄래? 그건 네가 앞으로 풀어 나가야 할 숙제로 남겨 둘게. 다만 나는 이 책을 쓰면서 때때로 어떤 장면을 떠올리곤 했단다. 어두운 밤, 산꼭대기에서 환하게 타오르는 봉화대 말이야. 사람들에게 정보를 전달하고 나아갈 길을 알려주는 봉화대! 네가 그런 멋진 정보의 봉화대를 피워 올렸으면 해.

책 속의 책

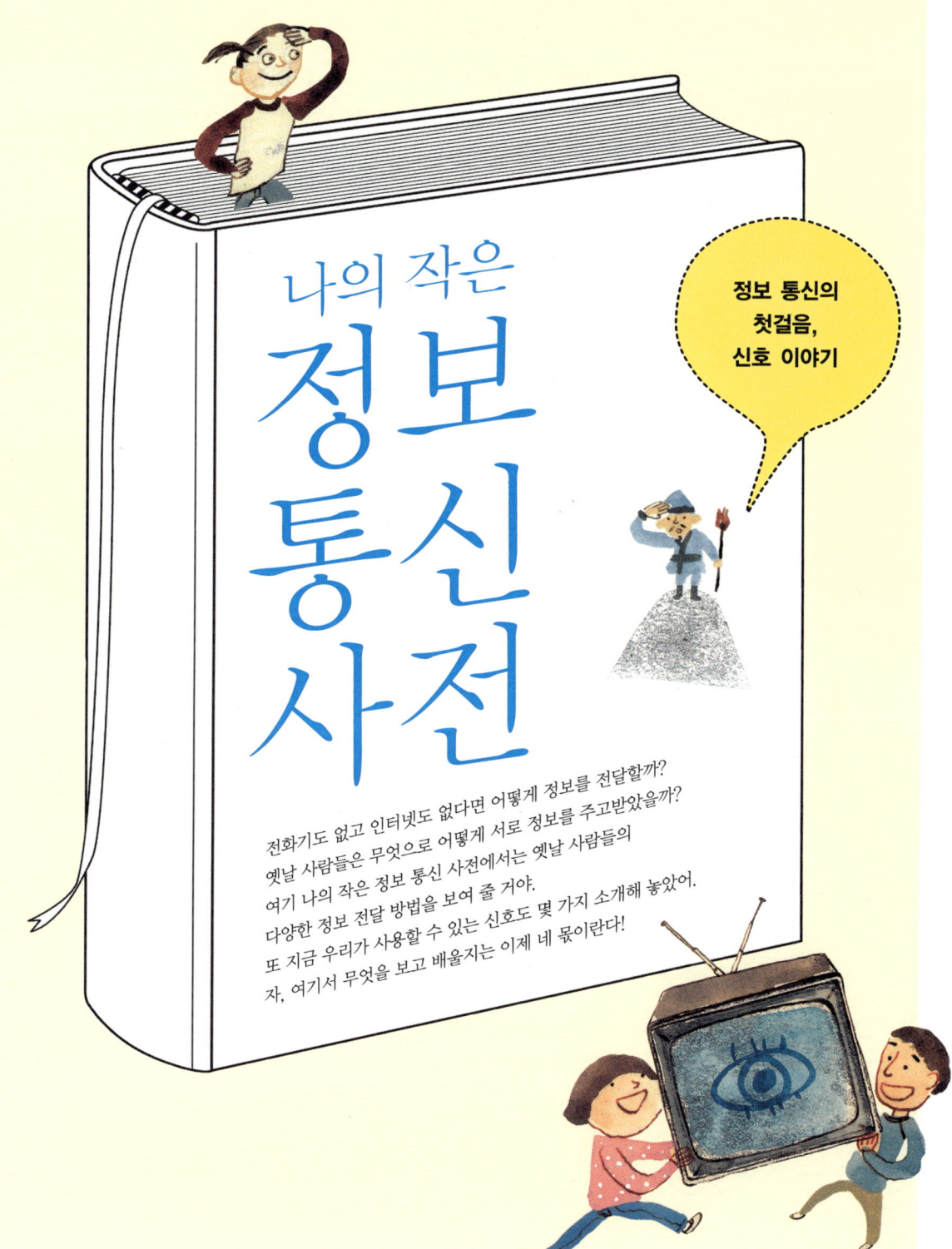

# 나의 작은 정보통신 사전

정보 통신의 첫걸음, 신호 이야기

전화기도 없고 인터넷도 없다면 어떻게 정보를 전달할까?
옛날 사람들은 무엇으로 어떻게 서로 정보를 주고받았을까?
여기 나의 작은 정보 통신 사전에서는 옛날 사람들의
다양한 정보 전달 방법을 보여 줄 거야.
또 지금 우리가 사용할 수 있는 신호도 몇 가지 소개해 놓았어.
자, 여기서 무엇을 보고 배울지는 이제 네 몫이란다!

# 불 신호, 연기 신호
## 말 없이도, 문자 없이도 이야기할 수 있어!

**아메리카 원주민 연기 신호**

서부 영화를 보면 가끔 아메리카 원주민(인디언)이 연기로 신호를 보내는 장면이 나오곤 해. 서부 영화는 유럽에서 건너온 사람들이 1800년대 중반에 서부의 황금을 찾아서 이동하던 이야기를 다루고 있어. 그러니까 인디언은 수천 년 전부터 불과 1백여 년 전까지 연기 신호를 사용했다는 얘기야. 실제로 인디언 전사들은 연기로 정보를 주고받으며 눈 깜짝할 사이에 나타났다가 바람처럼 사라지며 미국 군대를 궁지로 몰아넣곤 했단다.

이들이 연기 신호를 이처럼 오랫동안, 효과적으로 써 온 까닭이 있어. 미국 서부는 구릉이 많은 사막과 초원이 넓게 펼쳐져 있지. 이런 환경에서는 한곳에 정착해서 농사를 짓고 살기가 힘들어. 그래서 인디언은 작은 무리를 이루어 이곳저곳으로 옮겨 다녔고, 말을 타고 아주 멀리까지 가서 사냥을 하곤 했어. 자연스레 인디언은 아주 멀리 떨어진 곳에 소식을 전달하는 연기 신호 방법을 익히게 되었던 거지. 게다가 인디언은 문자가 없어서 연기 신호로 아주 다양한 정보를 전달했단다.

연기 신호는 한 가지 단점이 있어. 연기를 피워 올리면 동료뿐만 아니라 상대편까지 볼 수 있다는 거야. 그래서 인디언은 부족마다 시시때때로 연기 신호를 바꾸었단다. 연기 신호는 한 가지로 통일되어 있지 않았던 거야. 하지만 가장 기본적인 신호 몇 개는 여러 부족 사이에서 공통으로 쓰였다고 해.

〈연기로 보내는 신호
The smoke signal〉
미국 화가 레밍턴의 작품이야.

연기 뭉치 한 번 : 주의! 사냥감 또는 적이 가까이 있다.
연기 뭉치 두 번 : 괜찮다. 모든 일이 잘되고 있다. 싸움에서 이겼다.
연기 뭉치 세 번 : 위험하다. 문제가 생겼다. 구해 주기 바란다.

이건 가장 기본적인 신호야. 인디언들은 좀 더 복잡한 연기 신호를 만들어 정보를 주고받을 수 있었지. 브이(V) 자나 와이(Y) 자 모양은 기본이고 소용돌이나 도넛 모양, 심지어는 지그재그 모양과 수평선 모양 연기를 만들 수도 있었단다. 이런 연기 신호로 '오른쪽으로 이동해서 사냥감을 포위하라', '언제까지 그곳에 도착하겠다', '새로이 머물 만한 땅을 찾았다', '오늘 밤에는 축제를 벌이자' 같은 내용을 주고받은 거야.

정말이지 인디언은 연기 신호의 천재였어. 인디언이 어떤 방법으로 다양한 연기 신호를 만들 수 있었는지는 수수께끼로 남았단다. 왜냐하면 연기 신호를 보내며 미국 군대와 맞서 싸우던 인디언은 모두 죽고 말았거든. 자기 땅을 지키려 용감히 싸우다 죽어 간 인디언을 기리는 뜻으로 우리도 인디언처럼 연기 신호를 보내 볼까?

① 동료와 연기 모양에 따른 내용을 미리 약속한다.
② 연기가 잘 보이는 곳에 가서 불을 지핀다. 이때 연기를 조절할 도구, 곧 천이나 담요를 미리 준비한다. 준비를 못했다면 입고 있던 옷이나

넓은 잎이 달린 나뭇가지를 사용한다.

③ 나무를 모아 불을 피워 올린다. 이때 연기가 잘 나게끔 밑불 위에 생나무를 얹어 준다. 연기가 잘 나면서도 불이 꺼지지 않게 하려면 아주 세심하고도 부지런한 손길이 필요하다.

④ 연기 신호를 보낸다. 불 위쪽에 보자기 같은 넓은 천을 펼쳐 연기를 모았다가 재빨리 걷어 내면 연기가 뭉게구름처럼 솟아오른다. 이런 방법으로 미리 약속한 연기 신호를 보낸다.

여기서 잠깐! 한 가지 꼭 기억할 게 있어. 연기 신호를 보낼 때는 안전한 장소에서 어른들과 함께하자고!

### 봉화 신호

인디언뿐만 아니라 원시 시대 대부분 부족은 불과 연기로 정보를 주고받았어. 하지만 이런 원시적인 방법은 자연환경이나 시간대에 따라 너무 많은 제약을 받지. 그래서 문명 시대가 되면서 봉화대(봉수대)를 만들게 되었단다. 흙이나 돌로 벽을 쌓고 그 안에서 불을 지펴서 불꽃이나 연기로 신호를 보낸 거지. 이렇게 하면 비바람이 불거나 눈보라가 쳐도 신호를 보낼 수 있거든.

봉화대는 동서남북 국경에서 시작해서 궁궐에 이르기까지 주요한 길목마다 설치되었지. 다른 나라 군대가 쳐들어오면 첫 봉화대에 신호가 오르고, 잇달아 봉화대로 연결되어 순식간에 궁궐로 전달되었어. 봉화대는 나라의 운명을 좌우할 만큼 중요한 군사 시설이었지. 만약 다른 나라 군대가 봉화대를 빼앗아서 거짓 연기 신호를 보내게 되면 심각한 위기에 빠질 게 틀림없어. 그래서 군인들이 늘 봉화대를 지키고 있었단다.

봉화대에서 신호를 보내는 방법은 원시 시대와 크게 다를 게 없었어. 낮에는 연기, 밤에는 불꽃으로 신호를 보냈지. 다만 봉화대는 다른 나라가 쳐들어오는 위급한 상황에서만 신호를 보냈어. 그러니 최대한 빠르고 또렷하게 신호를 보내는 데 목적이 있었지. 따라서 봉화대 신호는 아주 간단하고 간결했어. 아래처럼 말이야.

횃불(연기) 1개 : 아무 일도 없다. 평화롭다.
횃불(연기) 2개 : 멀리 적이 나타났다.
횃불(연기) 3개 : 적이 국경 가까이 접근했다.
횃불(연기) 4개 : 적이 국경을 넘어 쳐들어왔다.
횃불(연기) 5개 : 우리 군대와 적 군대가 싸움을 벌이고 있다.

사람들은 어떤 땔감을 쓰면 이 신호를 좀 더 멀리, 좀 더 또렷이 보낼 수 있을지 고민했어. 예를 들어 중국에서는 이리 똥을, 우리나라에서는 소똥이나 말똥을 섞어서 불을 피웠다고 해. 그러면 불이 빠르게 잘 붙고, 연기가 공중에서 잘 흩어지지 않아서 멀리서도 잘 볼 수 있어서였지.

봉돈
수원 화성에 있는 봉수대야.

# 깃발 신호
## 흔들면 정보가 보여!

**조선 시대 군대 깃발 신호**

　깃발은 목소리가 잘 들리지 않지만 눈으로는 보이는 거리에서 정보를 주고받는 방법이야. 또 주변이 너무 시끄러워서 목소리가 들리지 않는 상황에서도 정보를 효과적으로 전달할 수 있지.

　깃발 신호가 가장 효과적으로 쓰인 건 아무래도 전쟁터였어. 전투가 벌어지면 군대를 지휘하는 대장은 싸움의 흐름에 따라 군대를 재빠르게 이동시켜야 했어. 특히 중세 시대에 들어 크나큰 전투가 자주 일어나면서 전쟁 기술 또한 빠르게 발전했어. 깃발 모양과 신호도 아주 다양해졌지. 조선 시대만 해도 싸움에 사용되는 깃발이 20개가 넘을 정도였단다. 그중에서 가장 많이 쓰이던 깃발을 몇 가지 소개해 줄게.

교룡기

대장기

**교룡기** : 임금이 직접 군대를 지휘할 때 쓰던 깃발. 황색 바탕에 붉은 깃술이 달려 있다. 두 마리의 용이 구름과 함께 어울려 있는 그림을 그려 넣었다.

**대장기** : 교룡기의 지휘를 받아 각 군대의 대장이 사용하던 깃발. 동쪽 군대는 파란색, 남쪽 군대는 빨간색, 서쪽 군대는 하얀색, 북쪽 군대는 검정색, 가운데 군대는 노란색 깃발을 사용했다. 깃발에는 용과 구름이 그려져 있고, 불꽃 깃술이 달려 있다.

**초요기** : 대장이 거느리는 장수를 소집하는 데 쓰이던 깃발이다. 각 군대

초요기

후기기

대사기

를 나타내는 색깔을 바탕으로 북두칠성이 그려져 있으며, 불꽃 깃술이 달려 있다.

**후기기** : 방향에 따라 동쪽 – 파란색, 서쪽 – 하얀색, 남쪽 – 빨간색, 북쪽 – 검정색, 중앙 – 노란색 깃발이 있다. 군대가 움직일 때 주변 상황을 알리는 데 사용했다.

**대사기** : 몰래 숨어 있는 군인들에게 기습 명령을 내릴 때 사용했다. 자기 군대를 나타내는 색깔을 바탕으로 뱀이 그려져 있다.

이 전통이 지금껏 이어져서 요즘 군대에도 자기 부대를 나타내는 깃발이 하나씩 있단다. 또 큰 힘을 지닌 가문에서도 자기 세력을 표시하는 깃발을 따로 만들기도 했어. 그걸로 가문의 영역을 알리기도 했고, 전쟁터에서 군대를 지휘하기도 했지. 물론 이런 모습은 오늘날까지 다양한 모습으로 이어져 오고 있어.

### 근대 깃발 신호 방법

깃발 신호는 근대에 들어 한 단계 더 발전했단다. 아무래도 전달해야 할 정보가 더 많아지고 복잡해졌기 때문일 거야. 수기 신호는 군대뿐만 아니라 커다란 건설 현장에서 작업을 지시할 때, 배와 배끼리 정보를 주고받을 때, 비행장에서 비행기의 이륙과 착륙을 이끌 때 아주 효과적으로 쓰였어.
그런데 현대에 들어 나라들 사이의 왕래가 잦아지면서 문제가 생겼어. 신호 체계가 너무 많고 서로 달라서 혼란이 생긴 거야. 그래서 나라들끼리 약속을 통해 수기 신호를 크게 두 가지로 통일했단다. 바로 '국제신호기'와 '국제수기신호'야. 먼저 국제신호기는 어떻게 생겼는지 살펴볼까?

**국제신호기**

국제신호기는 깃발 모양으로 문자를 나타내는 방식이야. 국제신호기로 '나는 당신을 사랑합니다.'라는 내용을 상대편에게 보내려면 어떻게 할까? 이게 영어로 'I love you.'잖아. 그러니까 그 순서에 따라 글자를 나타내는 깃발을 차례로 들어 올리면 돼. 이 방법은 제법 간단하지만 한 가지 조건이 있어. 국제신호기 깃발을 모두 갖추고 있을 때 가능하지. 국제신호기가 없을 때는 어떻게 해야 할까? 이럴 때는 국제수기신호 방법을 쓰면 돼.

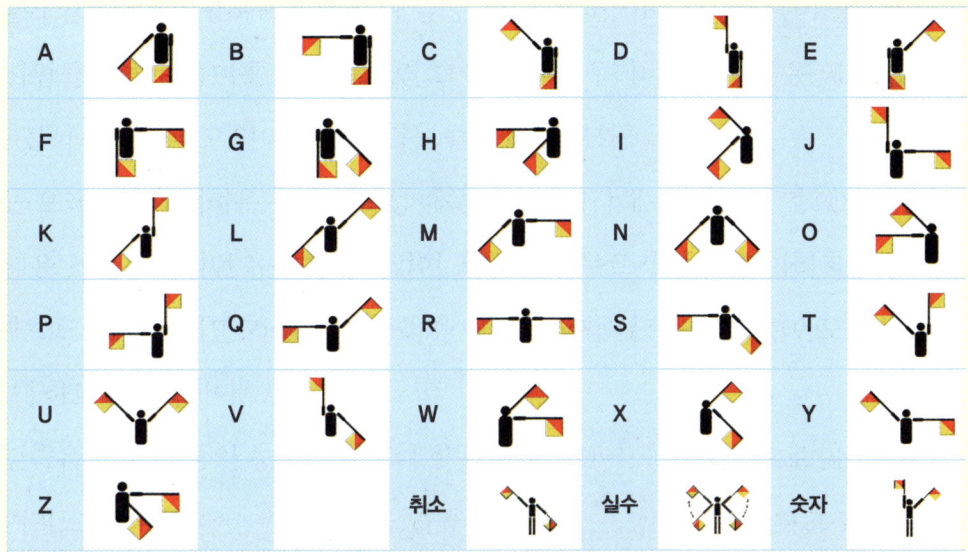

국제수기신호

국제수기신호는 말 그대로 손 모양으로 문자를 나타내는 방식이야. 그림에서는 빨간색과 노란색이 들어간 깃발을 잡고 있지만 이건 되도록 눈에 잘 띄기 위해 들었을 뿐이야. 그러니 어떤 깃발을 들어도 괜찮고, 깃발이 없으면 그냥 양손을 벌려 신호 모양을 나타내도 돼.

바다를 항해하는 배의 선장과 하늘을 나는 비행기의 조종사는 이 깃발 신호 방법은 꼭 알고 있어야겠지? 물론 모험과 여행을 즐기는 사람들도 국제수기신호를 알고 있으면 크게 도움이 될 거야. 참, 국제수기신호를 한글에 맞게 새로이 나타내는 방법도 있어. 그건 나중에 네가 스스로 찾아서 익혀 봐.

자, 그럼 우리도 간단한 국제수기신호를 보내 볼까?

"나는 당신을 사랑합니다."

# 모스 신호

## 문자를 소리로!

본문에서 이야기했듯이 인류가 전기를 이용해서 신호를 보내는 방법을 발견하면서 정보 통신의 역사는 거대한 발전을 이루었어. 전기 신호의 첫 발걸음을 내디딘 게 바로 모스 신호였지. 발명자인 모스가 1843년에 처음 신호를 보내는 데 성공한 뒤로, 모스 신호는 오늘날까지 아주 중요한 정보 전달 방식으로 자리 잡고 있단다. 먼저 모스 신호 체계를 알아보자꾸나.

아래 표가 전 세계 사람들이 함께 사용하는 모스 신호야. 이 모스 신호를 보낼 때는 몇 가지 규칙이 있단다.

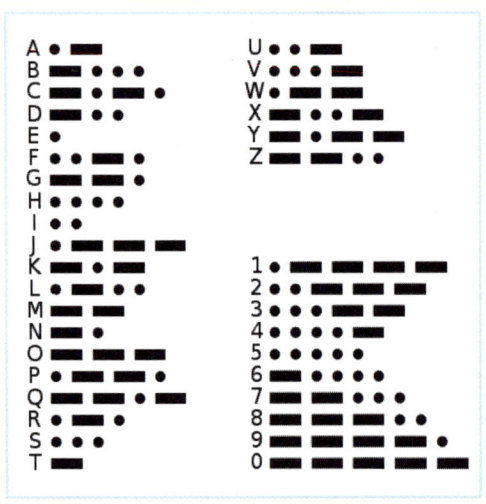

모스 신호

① 선의 길이(누르는 시간)는 점의 3배이다.
② 글자와 글자 사이는 1점 간격을 둔다.
③ 단어와 단어 사이는 3점 간격을 둔다.
④ 문장과 문장 사이는 7점 간격을 둔다.

좀 복잡하지? 모스 신호를 전문으로 가르치는 학원도 있고, 잘하는 사람들에게 따로 자격증을 주기까지 한다니 쉬운 일은 아닌 것 같아. 하지만 네 또래 아이들 가운데서도 모스 신호를 익혀서 세계 여러 나라 사람들과 정보를 주고받는 친구가 있어. 그러니 너도 한번 도전해 봐.

전기 신호 방식으로 모스 신호를 보내려면 기계가 있어야 해(물론 요즘에도 모스 신호 기계를 살 수 있어). 하지만 기계가 없어도 모스 신호 체계만 알고 있으면 아주 다양한 방법으로 응용할 수 있단다. 예를 들어 벽을 사이에 두고 돌이나 막대기로 소리를 세게 또는 약하게 내면서 모스 부호를 보낼 수 있어. 또 햇빛을 거울에 반사하거나, 손전등을 켰다 껐다 하면서 모스 신호를 보낼 수 있지.

너 혹시 만화 영화 〈벼랑 위의 포뇨〉 봤니? 거기에서 배를 타고 바다를 지나던 아빠가 엄마와 소스케에게 전등을 껐다가 켰다가 하면서 신호를 보내는 장면이 나오잖아. 그게 바로 모스 신호야. 만화 영화 속 장면처럼 친구들끼리 간단한 모스 신호를 주고받는다면 참 멋지고 재미있을 것 같아. 남들은 모르는 우리만의 신호가 생기는 거잖아.

그럼, '안녕하세요? 나는 아무개입니다.' 같은 간단한 모스 신호부터 익혀 볼까?

# 긴급 구조 신호 보내기
## 실전편_ 위험에서 살아남기

앞서 소개한 여러 신호 방법은 정보의 역사에서 저마다 중요한 몫을 해냈단다. 물론 정보 통신 수단이 눈부시게 발전한 오늘날에도 제법 쓸모 있게 쓰이고 있어. 그중 몇 가지를 알고 있다면 언젠가는 크게 도움이 될 거야.

예를 들어 우리는 살아가면서 뜻하지 않은 위기에 빠질 수도 있어. 등산을 하다가 길을 잃거나, 다리를 다쳐서 도움을 받아야 할 때 말이야. 게다가 가까이에 도움을 줄 사람이 없을 때는 더욱 곤란하지. 그럴 때면 어떻게든 도움을 요청해야 해. 자, 어떻게 신호를 보내야 할까?

**연기 신호를 보내자!**

주위에 풀이나 나무가 있고 불을 피울 수 있다면 연기 신호로 구조를 요청하면 돼. 먼저 마른 풀을 모아 불을 붙인 다음, 나뭇가지를 꺾어 그 위에 얹어 놔. 나뭇가지가 없다면 이끼를 얹어 놓아도 좋아.

연기가 모락모락 피어오르면 옷으로 연기를 모아 한꺼번에 올려 보낼 차례야. 1분에 6회(10초마다 1회)씩 신호를 보내고, 1분간 쉰 다음에 다시 같은 방법으로 신호를 보내면 돼. 이걸 되풀이하면서 구조를 기다리자꾸나. 혹시 빠르게 구조되지 않더라도 너무 걱정하지 마. 바람이 불지 않고 맑은 때를 기다려 다시 한 번 구조 신호를 보내 봐. 그럼 연기는 아주 멀리서도 눈에 잘 띌 테니까 말이야.

### 불 신호를 보내자!

밤에는 연기보다 불빛이 훨씬 잘 눈에 띄지. 불로 구조 신호를 보내려면 먼저 땅에 널찍하게 삼각형을 그려. 그러고는 각 꼭짓점에 나무를 쌓아서 불을 피우면 돼. 이때 나무에 불이 잘 붙어야 멀리서도 잘 보이겠지? 마른 풀에 먼저 불을 붙여서 차츰 굵은 나무를 쌓아 올리면 오랫동안 활활 잘 타오를 거야. 주변에 적당히 마른 가문비나무나 소나무가 있다면 안성맞춤이지. 삼각형 불꽃 신호는 국제 민간 항공 기구에서 정한 긴급 구조 신호야.

### 모스 부호를 보내자!

불을 피울 도구가 없으면 어떻게 해야 할까? 거울로 빛을 반사시키거나 손전등을 껐다 켜면서 모스 부호를 보내면 돼. 예전에는 'SOS'가 긴급 구조 신호로 쓰였어. 'SOS'를 모스 부호로 바꾸면 '●●●■■■●●●' 이렇게 나타나지. 그러니까 점 3회와 선 3회를 되풀이하는 거야. 'SOS'가 긴급 구조 신호가 된 까닭도 이처럼 간단하게 표시할 수 있어서였단다. 그런데 요즘에는 'SOS' 대신 점 2회, 선 6회를 사용해. '●●■■■■■■●●' 이렇게 말이야. 두 신호 가운데 어떤 걸 사용해도 모스 부호를 알고 있는 사람들은 금세 알아볼 거야. 그러니 두 가지 모두 기억해 두는 게 좋겠지?

# 나의 꿈, 나의 생각에 날개를 달아 주는
# 이어령의 춤추는 생각 학교 시리즈를 소개합니다.

**대한민국 국보급 지성
이어령이 쓴
어린이를 위한
창의력 교과서**

이 시리즈는 지난 50여 년 간 '이 시대 최고의 지성인'이라 불리며 150여 권의 저서를 남긴 이어령 선생님이 쓴 유일한 어린이 책입니다. 이어령 선생님은 빠르게 변하는 정보화 사회에서 어린이들에게 가장 필요한 것은 '가슴으로 생각하고, 머리로 느끼는 유연하고 창조적인 사고'라고 이야기합니다. 이 책에서는 창의적인 생각을 키우는 이어령 선생님만의 특별한 생각 연습법들을 어린이 눈높이에 맞춰 풀었습니다.

**개념 정리에서
응용 방법까지……
생각의 모든 것을 담았다!**

이 시리즈는 우리 어린이들이 일상생활에서 쉽게 생각의 힘을 키워 나갈 수 있도록 그 방법들을 체계적으로 구성하였습니다. 일곱 가지 생각 도구들을 이야기하는 1권 《생각 깨우기》와 여덟 가지 생각 원칙을 이야기한 2권 《생각을 달리자》를 비롯해, 우리말로 생각하기, 한국인으로 생각하기, 발명·발견으로 생각하기, 환경 보고 생각하기 등 전 10권으로 되어 있습니다. 학교와 집에서 보고 배우는 모든 것들에서 생각을 발견하고, 키우고, 응용하고, 새로운 생각으로 발전시킬 수 있는 방법들을 담았습니다.

**생각 학교에서 놀다 보면
창의적인 생각이 자란다!
생각이 즐거워진다!**

이 시리즈는 쉽고 재미있는 이야기로 쓰여 있습니다. 흥미진진하게 전개되는 맛깔난 이야기들을 따라가다 보면 '아, 생각은 이렇게 하는 거구나!' 하고 저절로 깨닫게 됩니다. 또한 각 이야기마다 지식 하나에서 여러 가지 의미를 발견하고, 이를 섞고 버무리며 다양한 관점에서 생각해 볼 수 있게 하고 있어, 책을 읽다 보면 생각이 꼬리에 꼬리를 물고 뻗어 나가는 놀라운 경험을 할 수 있을 것입니다.

**다양한 분야의 지식과 정보를 넘나드는 통합 교양 상식 백서**

이 시리즈에는 방대한 지식과 교양이 담겨 있습니다. 엉뚱한 호기심, 작은 생각 하나로 세상을 변화시키고 인류의 삶을 풍요롭게 만든 인물들의 이야기, 그리고 동·서양의 문화 속에 녹아 있는 다양한 생각과 정서까지…… 옛이야기와 신화, 그리고 역사, 인물, 예술, 과학 이야기를 넘나들며 다양한 교양과 지식을 맛볼 수 있게 했습니다.

**생각의 힘을 더하는 철학적인 그림!**

이 책의 그림들은 책 내용을 상징적이고 추상적으로 표현해 내며 아이들의 상상력을 자극합니다. 그림 속 숨은 의미들을 생각하며 읽어 나가는 사이 아이들의 사고력은 한 뼘 더 자라날 것입니다.

**내 생각이 근질근질해지는 책 속의 책 '생각 사전'**

부록 '책 속의 책'에는 책의 내용에서 한 발 더 나아가 책 속에서 얻은 지식들을 '내 것'으로 만들 수 있도록, 보다 구체적인 실례들을 담았습니다. 부모님들과 아이들이 함께 만들어 가는 장으로, 이 책을 읽는 어린이들이 아는 것에 그치지 않고 매일매일 생각하는 습관을 만들어 나갈 수 있게 도울 것입니다.